鲍勃·埃瑟林顿

商业技能经典系列

# 演讲技巧

PRESENTATION SKILLS
FOR QUIVERING WRECKS

致颤抖的
商业演讲小白们

[英] 鲍勃·埃瑟林顿（Bob Etherington） 著
董良和 译

中信出版集团 | 北京

图书在版编目（CIP）数据

演讲技巧：致颤抖的商业演讲小白们 /（英）鲍勃·埃瑟林顿著；董良和译．-- 北京：中信出版社，2019.9
（鲍勃·埃瑟林顿商业技能经典系列）
书名原文：Presentation Skills for Quivering Wrecks
ISBN 978-7-5217-0928-5

Ⅰ．①演… Ⅱ．①英… ②董… Ⅲ．①演讲－语言艺术 Ⅳ．① H019

中国版本图书馆 CIP 数据核字 (2019) 第 175586 号



演讲技巧——致颤抖的商业演讲小白们
（鲍勃·埃瑟林顿商业技能经典系列）

著　　者：［英］鲍勃·埃瑟林顿
译　　者：董良和
出版发行：中信出版集团股份有限公司
（北京市朝阳区惠新东街甲 4 号富盛大厦 2 座　邮编　100029）
承 印 者：北京通州皇家印刷厂

开　　本：880mm × 1230mm　1/32　　印　　张：5.75　　字　　数：90 千字
版　　次：2019 年 9 月第 1 版　　印　　次：2019 年 9 月第 1 次印刷
京权图字：01-2018-9018　　广告经营许可证：京朝工商广字第 8087 号
书　　号：ISBN 978-7-5217-0928-5
定　　价：38.00 元

# 目　录

# 第一章

# 引　言

真正的演讲总会有三个版本：你所准备的那个版本，你所演讲的那个版本，还有你希望演讲的那个版本。

**——戴尔·卡内基（Dale Carnegie）**

“喂……喂……一……二……三……可以吗？……很好……啊！……好的……各位听众你们好……可以听到吧？很好……是的……今天，我要给大家讲一讲‘商业演讲’这个话题……商业演讲就是在大大小小的各种会议、培训课堂等场合站着做‘公众演讲’。”

我在图书馆、书店还有互联网上，对公众演讲做了大量研究，我也研究了其他近乎所有的公众演讲网站、书籍，我还研究了美国版图书《名单册》（*Book of Lists*）关于这一话题的所有课程。《名单册》这本书显然把公众演讲当成了人类最害怕的事情。……我把同一本书的英国现行版看了一遍又一遍，却只能说我找不到相关统计数据。那些数据或许存在过，但现在不见了踪影。那么，一切都没有问题了？！

没有什么好焦虑的……你可以把本书放回书架，去赶乘飞机，或者继续购物，或者去做任何计划要做的事。给同事、员工、顾客以及商业伙伴做个演讲已经不是什么难事。现在的商业演讲者都无所畏惧，他们似乎找到了站起来进行良好沟通的秘诀。他们的视觉辅助工具更高级了，更能给人留下深刻的印象。他们用言辞去激励、去推销、去鼓动，还有……

而事实上，大概全世界95%的商业演讲仍然很糟糕，而且我自己的研究也确切表明，如下的情形时有发生。

- 大多数听众都只有一个目标：离开那个房间。
- 大多数演讲者都只有一个目标：走下那个讲台。

有些演讲者特别害怕演讲，通常不到最后一刻（演讲势在必行），他们不会去努力准备。有一次，在伦敦的希思罗（Heathrow）机场，我和几个同事要坐飞机去雅典参加一个重要的欧洲销售会议。一位资深人士——（不太情愿的）大会演讲者坐在过道的另一侧，膝盖上放着一沓纸。“你要演讲吗，吉姆？准备得怎么样了？”我问道。“哦，是的，”他回答说（紧张兮兮地怪笑），“但还没弄完……没事！”当飞机在跑道上滑行准备起飞的时候，我发现在白纸的上端写着“大家早上好”，在这几个字后面，他写下了这句话：“今年是忙碌的一年……”

大概三个小时后，我们在雅典着陆，那沓纸还放在吉姆的腿上。除了“今年是忙碌的一年……”，演讲稿没有任何进展。可以预见，他第二天的演讲将是一团糟。然而，其他人大多也是如此。

我发现，大多数演讲者都和我的同事吉姆一样，直到演讲的前一天，他们都想把整个事情抛到脑后。那时候，他们会压抑、慌乱，更别提莫名的恐惧了。他们在笔记本电脑上找到幻灯片文件后，浮皮潦草地浏览，一边看一边喃喃自语，想象着明天要说的话。不知何故，他们在头脑中把自己想象成了丘吉尔——好像过了一个晚上，他们就会变成杰出的演说家。那种咕咕哝哝的排练，通常会随着这一想象的出现而半途而废。结果就是常见的自信："啊，去他的……我明天早上再练一遍。"

然后就到了晚上。

然而，清晨来临，他终于蜕变成了颤抖的演讲小白。

## 晚上一切都会顺利

排练不到位的业余戏剧演员经常会激怒导演，他们常说的名言就是："到了晚上一切都会好起来！"只是，那个晚上从来没有顺利过，从来都没有。大多数公司的演讲者的表现就是这样一种业余水准，结果可想而知。

没错，全世界的商务人士显然对他们的业余水准的演讲者有所顾忌——交给他们的活动通常都办砸了，劳民伤财、错失良机。演讲本该是非常有效、非常有说服力的交流手段，但是，演讲一旦由未经训练或缺少天赋的人来执行，通常都会非常糟糕。尽管如此，却很少有人在演讲方面多做研究！

此时就是体现我的价值的时候了。

我会与你一起努力，会告诉你如何成为一名良好的演讲者。请注意，我没有说你要成为“才华横溢”、“让人钦佩”或“令人赞叹”的演讲者。成为一名“良好”的演讲者将以无法想象的方式改变你的商业生活。

## 那又怎么样？为什么我要成为一名良好的演讲者？

我会告诉你为什么要成为一名良好的演讲者。

学会一套简单的演讲技巧，你就可以轻而易举地达成以下成就。

- 变得炙手可热，而继续做现在的工作、领现在的薪水就委屈你了。
- 成为你的朋友和同事羡慕的对象。
- 定期受邀到国外旅游，即便不坐头等舱，至少也得是商务舱。
- 经常听到听众真诚的掌声，他们觉得如果能早点听到你的演讲就好了。
- 被选去帮助大人物传递重要信息。
- 获得更好的薪资待遇和更好的工作环境，如果你威胁要辞职的话。

- 让你的竞争对手感到非常恼火，因为恰好你们在同一场合与潜在客户交流。
- 经常享受生活，不必卖力工作。

良好的演讲者非常罕见，而如果你按照我教给你的方法去做，那么所有的好事都将唾手可得。我没有用“才华横溢”或者“令人赞叹”这样的词来形容你渴望达到的水平。良好就足够了，因为从整体来看，95% 的商业演讲者都很差。

对大多数人而言，如果你说“我想让你在下周的大会上做一个演讲”，那么你会让他们的心里产生一个恐惧的疙瘩——你觉得它有多大就有多大。他们会双腿战栗，他们会内心狂跳，他们会手心冒汗，他们会声音颤抖，他们的自信和幸福感会崩塌……他们会成为一个彻头彻尾的颤抖小白！如果你也这样，那很正常。我可以做很多事情来消除你的大部分恐惧。事实上，解决方法很简单，听了之后，你可能会说：“早知道这么简单，我几年前就能做好了。”

还有其他方面，比如演讲结构、听众分析、肢体语言、声调运用、演讲发布、使用笔记、视觉辅助、问题处理、赢得掌声、应对“发难先生”、排练，还有舞台艺术，都会在本书中有所论述。对于这些方面，如果你能做到处之泰然，那么不久你就会变得像 20 世纪那些伟大的演说家那样挥洒自如，比如约翰 · 肯尼迪总统、马丁·路德·金、尼基塔·赫鲁晓夫和温斯顿·丘吉尔。他们都使用了我在本书中要展示的方法和技巧。同样，在 21 世纪，如果你环顾四周，那么你也会认同这样一个观点，那就是，世界上最成功的人都擅长交流。不要着急，你很快就会成为他们中的一员。

## 给人们留下一个你无比努力的印象

想象一下，做好一场演讲会是什么样的感觉。在一场内部报告会上，一上午，其他人的演讲都做得稀松平常："早上好，各位……今天我要谈的是……（絮絮叨叨、喋喋不休，我们什么时候能离开这里？……谢天谢地，终于快结束了）*……嗯，我觉得就是这样……所以……除非你们谁有（问题）……呃？……那么……没有？呃，没有？……好吧，我想，现在该休息一下了。谢谢！"

午饭后，在这片"墓地"里，听众们要么是因为上午听糟糕的演讲而筋疲力尽，要么是因为午餐时的碳水化合物而昏昏欲睡。然后，轮到你上场了！

* 括号中的内容是插入语，代表的是听众的反应。——编者注

独出心裁、栩栩如生、令人难忘、余音绕梁、清晰的视觉辅助、煽情的开场、简明有力的号召、出色的问答环节——让人意想不到的精彩演讲。最重要的是，我们听到了什么？掌声？是掌声吗？从来都没有人为我们的内部演讲喝彩（这些人甚至不知道你实际上还用修辞学设计了演讲内容——稍后会有更多讲解）。

你不觉得这种感受难以想象吗？多么难得、多么难忘的时刻。对你而言，一切似乎都恰到好处。当然，你不能奢求太多，而且可能不会每次都有这样的效果。但是，作为一个令人瞩目的、越来越"良好"的演讲者，你的职业前景会变得越来越好，而且只需要你付出些许的额外努力。我保证！

我怎么会知道这个？因为这事就发生在我身上；因为正如生活专家所说"成功会留下线索"，而我会给你讲讲我是怎么做的（我现在仍在这样做）；因为这么做让我走遍了世界各地，成了一名商业演讲者，赚了很多钱，并且工作也很顺心。我要给你的远不只是"线索"，我还会告诉你究竟该如何做好商业演讲。

不管你日常工作的领域是会计、行政、牙科、销售、工程、火车驾驶、模型制作、采购、航海、石油勘探，或者什么别的，没有关系，我所讲的演讲技巧通通能覆盖到。如果读过本书之后，你对我说"书里说的都很好，但到了我这就不一样了，我有一套固定的演讲方式"我不会介意。但是，我必须说，如果你不认为你有关于演讲的问题需要解决的话，那么就不会看这本书了。

我曾经在一家大型跨国公司工作，公司觉得必须给高管们规定某种方式来进行演讲。公司每年都在不同国家的首都召开一次大型国际管理会议。我们这些演讲者，这些“惯犯”，每年都要彻底地接受公司想要的那种培训。尤其是我的老板，总要提前一个月把我叫到一边，进行一番严厉的训示：“好吧，我们都知道你很会演讲。但这次不要搞你平时的那一套！好吧？……就把实际情况告诉他们，告诉他们发生了什么，仅此而已。不许搞笑，不要‘搞怪’，不要用你那什么狗屁优雅的视觉辅助，你就给我用公司的幻灯片格式。我说清楚了吗？嗯？出发的前几周，给我看看你要用的幻灯片文件和完整的文案！”

所以，每年我都会躲到一边去准备那个演讲——A 演讲，这是那个我不准备在当天用的演讲。这个演讲只是个幌子，让老板不要再烦我。与此同时，我会同步准备 B 演讲——我真正要讲的不会让老板提前看到的。B 演讲会是一个考虑周全而且演练成熟的交流工具。

B 演讲遵循专业修辞的所有规则，但它在众多方面都不符合公司的格式。哦，也许在开头的幻灯片上会有个公司的标志，仅此而已！

每一次我们参加年度活动的时候，我的演讲在日程表里总是排在午餐前最后一个或午饭后第一个。作为一名“良好”的演讲者，我很有“声望”。当天，没有哪个演讲者愿意紧接在我后面演讲。正如我之前所说的，我不是一个“杰出的”的演讲者，我那时只是（现在也是）一个“良好”的演讲者，但这足以威胁到其他人。在我演讲之前，总是有一些令人无法记住的千篇一律的演讲——各种要点、不加修饰的剪贴画、老生常谈、喃喃自语——一如既往地令人毛骨悚然，用“幻灯片致死”来形容也毫不为过。来自全球的350多位高管早已听得厌烦不已，一心渴望着傍晚能早点到来，能寻点乐趣，搞搞社交。没有人会否认这一切多么可怕，多么劳民伤财。（顺便说一句，20世纪90年代中期，我们为年度盛会花费的预算曾经高达平均每人5 000美元，相当于每次活动要花费175万美元。天知道还有哪些类似的事情在继续上演！）每一次，在我要上场的前15分钟左右，我的老板都会把我再次叫到一边，低声说：“情况不妙。听众想要的是‘在有一大堆啤酒的屋子里闲聊三天’，而我们显然没有做到。……他们都睡着了，不知道我们为什么要开这些会。总裁都怒了！我希望你能有什么锦囊妙计把他们都弄醒！”

我当然做到了。今年的B演讲——又一次赢得长时间的喝彩。我很棒吗？不，只是“良好”，然而“良好”就绰绰有余了。但麻烦的是，第二年大家总会遗忘这些事。演讲前的一个月，我又收到了经常收到的威胁和指示，我还得重复A、B的套路。和我一起演讲的同事们总是循规蹈矩，旧调重弹。我不会，从来都不。

所以，尽管总是遭到警告，而且总被严厉地训斥，协和式飞机我还是没少坐——陪总裁一起坐头等舱去美国及亚洲和欧洲等地协助他演讲。为了让我开心，公司颁给我特别奖金，还配给我一辆捷豹汽车。我在南非、夏威夷、新加坡、东京和中国香港度假，公司买单。我在公司上市之前拿到了股份。还有其他诸如此类的美事，生活很惬意。很难吗？你也可以这么做，只要你稍稍做些改变。

“但我是公司员工，你这是在散布无组织无纪律的想法！……可能这一切对你来说很简单，但不是每个人想做就能做到的。我得马上放下本书……”（等一下再下定论，行吗？）

我敢肯定，你的公司或部门总要去说服其他人，让他们加入公司正在进行或即将进行的项目。这些目标受众可能是公司的内部人员，也可能是外部人员。如果你在某一财年的某个时候参与了销售创意的制作（事实上，98% 的企业高管必须参与此类活动才能取得进步），那么你需要和多少人交谈才能让别人接受你的创意？你需要说服多少个业务经理才能让大家积极支持并实施某个项目？你要和多少潜在客户交流才能签订一份合同？答案是，很多。

就拿最后一个问题来讲，你要见多少潜在客户才能签订一份合同？根据粗略的“经验法则”，你必须说服四个人才能“签订”一份合同。如果我告诉你有一种提高成功率的方法，即从现在起，每拜访四名潜在客户，你都可以成功地签订两份合同，那么你的公司会做何感想？如何在更短的时间内提高成功率呢？有一个办法能让你达成心愿，那就是好好排练，稳妥地做一场良好的演讲。

我们自己在伦敦所做的初级营销培训业务，用的就是这种方式。我们推广一种“开放式的”的演讲，在此过程中，我们展示出我们能够帮助个人和公司实现他们的商业目标。此类演讲通常会获得很多人的青睐。有些人每隔几年就会再来一次。另外，我们每个季度举办的此类活动并不是免费的——参加的人都愿意花100英镑来参加一个三小时的研讨会。显然，他们是为了获得一些最新技术，以帮助他们销售自己的产品和服务。他们的想法都能得到满足，因为我们能够保证他们在三小时内获得足够的经验。与此同时，我们发布这些演讲的目标是，宣传我们可以在量身定制的基础上为各种组织和听众提供更多服务。

每次做这些公开演讲的时候，我们把比我们想象的多得多的客户转变成长期客户——在非常短的时间内，比我们能想到的任何其他方式都短。

一旦启用演讲，你就与竞争对手不在一个档次了。竞争对手总是用简单的办法，不是因为他们愚蠢，而是因为他们一贯的惰性。他们还继续一对一地打电话，面对面地游说，用电子邮件和客户沟通。通过“活生生”地给一大群人演讲，你可以将你自己的产品或服务与所有的竞争对手区分开来，并让听众感觉到你的专业能力。好的演讲者会令人敬畏。

## 节省时间（事实上做不到，只能花时间）

一场不错的演讲的另一个好处是能节省时间。我不知道你会怎样，反正我每天都有很多其他的事要处理，并不是每天都在寻找商业机会。每当我有机会把商业服务卖给一个大型机构时，对方总是至少有四个人参与这个决策。我甚至开发了一个小公式，这个公式可以让我明确地知道，对于我可能会在这上面花掉的时间和付出的努力，赢得这单业务值不值得。一个很好的省时之道就是找一个借口，邀请所有的决策者来听同一场演讲。

如果与决策者一个一个单独会面，那么你经常会发现他们几天后会打电话给你，会问更多的问题。回答这些问题通常意味着你还得跑一趟去见那个人，以进一步地解决疑问。这样就不可避免地占用了一大块额外时间。而反过来，如果他们都在同一个屋子里听你演讲，那么群体心理动力机制（psychological dynamics of the group）往往会让所有必要的问题一起出现。每个人都会了解其他决策者关注什么、需求什么。很多时候，在“问答环节”，你会发现他们很少争辩，而且那些已经站在你一边的人会强烈支持你的建议。

**小贴士：**如果你要求演讲，那么你的客户可能也会请你的一些竞争对手来演讲。此时，你要设法让你的演讲排在当天最后一个。好的演讲很罕见，而且会提升整个项目的格调。如果你想让客户记忆深刻，那么就最后一个来演讲。在百老汇，演出结束时总是会有一首热门歌曲——正如演唱者所说：“让大家唱着你的歌离场。”

在通常情况下，一些公司或部门会认为自己的产品或理念很优越，它们之所以会在竞争中败北，其原因并不是它们的产品很差，而是因为它们的销量比别人低。事实上，我们人类倾向受情绪影响而做出大部分的“购买”决定，而这些情绪是要被人类大脑进行判别的。一些聪明老练、受过良好教育的人曾经跟我争论了好几个小时，然后直截了当地告诉我，他们不会被一场没有实质内容的演讲蒙骗，他们要的是事实。那么，这就是“事实”：目前所有的研究都证实，在开始大约30秒内，商业听众就开始不再关注“只是事实”的那种演讲！这不是蒙骗不蒙骗的事，而是关于如何迎合每一名听众的大脑的运作方式。

一名良好的演讲者知道，传播热情绝不能仅靠事实。如果你曾经为“因为价格”没有达成交易而感到惊讶，那么你一定要提高警惕。“太贵”只是个借口，而真正的原因可能是听众认为你提出建议的方式无聊、乏味、马虎、杂乱、生涩、单调，而且没有引起他们的注意。一个良好的演讲者总能想到，听众中的每个人都会问这样一个问题：“这个对我来说有什么意义？”作为一名良好的演讲者，你需要回答这个问题。如果做不到，那就会影响演讲的质量，因为（不管你喜欢与否）听众通常认为你的演讲应该精确地反映你的组织或部门的专业精神。

我有一个客户，他是欧洲一家大型石油公司的高级董事。他告诉我，他很绝望，他不知道如何才能让那些非常聪明的地质学家理解这一点。他问这些受过博士和硕士教育的人，当他们向穿着毛衣、牛仔裤和马丁靴的潜在客户展示他们的想法时，他们如何才能赢得国际业务呢？然后，他们把手放在口袋里，就想靠幻灯片来传递信息。是你的演讲方式，而不是事实，更能发挥作用并让你赢得交易。

大多数颤抖的演讲小白仍然不知道，一个名叫艾伯特·梅拉比安 (Albert Mehrabian) 的教授在几年前进行了一些调查研究，其研究目的是找出在演讲中最能影响听众的因素。调查结果非常令人吃惊（见图 1–1）——影响大多数听众的是他们所看到的东西（视觉冲击，占比 55%），另一个重要的影响因素是演讲者的语气（占比 38%），而影响最小的因素是演讲的实际内容（占比 7%）。

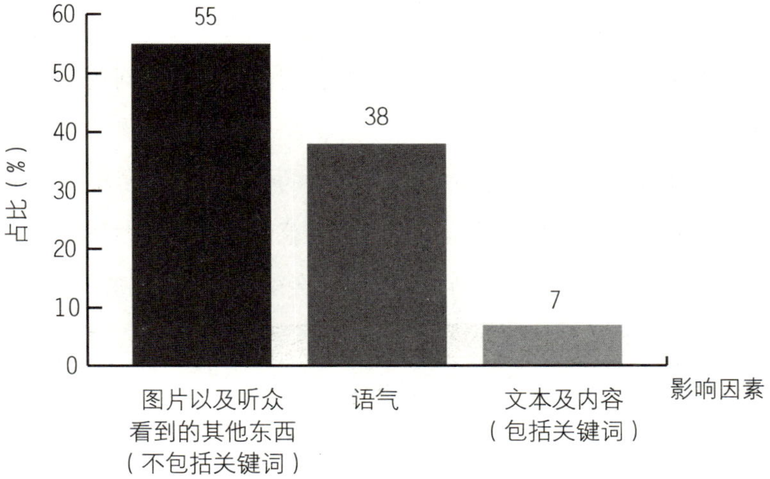


**图 1-1　听众记住演讲内容的方式**

这并不是说演讲内容不重要，内容当然重要。但是，如果你没有弄好演讲的视觉效应（肢体语言和图片），加上用错了语气，那么内容真的就无关紧要了。

在进入正题之前，我们再讲最后一点。我们的培训业务团队每周都会收到三四名有意加入团队的培训师的简历。我打电话给他们时，他们都告诉我他们是很棒的培训师。但是，当我问起他们的演讲技巧，尤其是站着面向潜在客户演讲的相关技巧时，他们都会哑口无言。几个星期前，有人和我说："埃瑟林顿先生，我觉得你没有听明白我说的话。我是培训师而不是演讲师。"就像所有其他类似的谈话一样，沟通至此终结。我的市场不缺培训师，就像大多数市场不缺“产品”一样。全球最缺的是那些可以成功沟通和展示想法的人。然而，大多数公司在解决这个问题上所做的努力都微乎其微。

事实就是这么简单：如果你或者你的公司继续用传统的方法去做演讲，那同样的问题会继续出现。就像谚语所说的那样：如果你总是做一直在做的事情，那你就总会得到一直得到的结果。

## 还在不

看了大部分引言，你可能还在对自己说：“这本书根本不适合我！我就是一个颤抖的演讲小白！不，不要笑……我真的是个颤抖的小白！当我站在听众面前时，我就是个颤巍巍的‘果冻球’。那就是我，我永远也做不好演讲。我太糟糕了，没有人比我更糟糕。”

那么，让我来讲一个 20 年前我在广播节目中听到的关于伦敦国会和下议院的故事。节目嘉宾是一位成功的中年人，他回忆起自己刚作为国会议员的时光。这个节目的特定话题是，他年轻时第一次在下议院发表的演讲，即他所谓的处女演讲。

按照惯例，议会成员第一次在下议院发表演讲时，是不允许读稿的，即必须脱稿演讲。这位年轻的议员确定所有的事情都已经安排得有条不紊，但他仍然非常紧张。在那场特定的演讲中，他只有五分钟的时间，但在演讲的前几天，他就吃不下睡不着了，身体日渐消瘦。除了演讲他什么事都不想。他一次又一次地想象着灾难性的场景。他想象着当他搞砸时，大家会嘲笑他，会喝倒彩。他觉得他肯定会搞砸的。

那天，他紧张地坐在自己的座位上，旁边挨着一位有多年经验的老议员。最终他被叫到发言，正准备站起来时，他感到有人拉了一下他的手臂，是那个老议员。“好好享受，孩子，”他凑到他的耳边，和蔼地低声说道，“大家所期望的并不多。”

“大家所期望的并不多”没准也是你的口头禅。如果确实如此——所有的商业听众习惯了非常平庸的演讲，那么你就没有什么可担心的了。你要么会非常糟糕，不让听众的期望落空，要么使用本书中的方法做得很好，让他们大吃一惊。从现在开始做一名“良好”的演讲者——这个选择很简单，会让你享受因此而带来的巨大回报。

## 第二章

# 颤抖小白的“不害怕”艺术

当想象和意志力发生冲突和对抗时，总是想象获胜，毫无例外。

**——埃米尔·库埃（Emil Couè），法国心理学家**

20 世纪 70 年代初，我是一名复印机推销员。在此之前，我是个工程师，但是后来厌烦了，因为我想要魅力生活、公司配车、钱包满满、每天轻松上路。实际上，这些很难做到。我的第一个销售区域有 1 平方英里*，位于破败的南伦敦。在艰难的日子里，各个经理都会跟我说“别担心，开心点！”或者“别这么消极，乐观点！”。每当听到这些伟大的励志箴言的时候，我都特别想锤死他们。“什么？”我一直在想，“乐观点？是我自讨苦吃，不过我会坚持下去的。”

首先，告诉人家别怎么样（“喂，别那么担心演讲的事！”），并想以此阻止他们怎么样，这纯属浪费时间。因为不管是你的大脑还是我的大脑，都无法接纳否定的想法。励志演说家是这样来证明这一点的：他告诉商业听众“不要想粉色的长颈鹿”（不知为啥，大家都会用这个例子）；然后他会问“你们都在想什么？”，

* 1 平方英里≈2.59 平方千米。——编者注

结果得到的反馈是“粉色的长颈鹿！哈哈……”。

还有一个常见的例子能说明这种现象。一对父母带着他们的女儿（女儿 4~8 岁的样子，穿着最漂亮的派对礼服）来参加家庭派对。女孩已经能够自己去饮品桌上拿橙汁了。她从桌上拿起一杯橙汁，小心翼翼地朝着座位往回走。目前一切都进展顺利——孩子注意力非常集中，小心翼翼，不想出任何差错；每一步都很谨慎，稳稳当当。后来，孩子还是打翻了橙汁——不是孩子的问题，而是大人喊了一声“别弄洒了！”。

我刚刚说过，人类的大脑无法保存消极的想法。孩子的大脑没有留下那个“别”，而只听见了“弄洒了”。那么，你认为这个穿着最漂亮礼服的女孩把这个意外的洒橙汁事件和什么联系在一起了（这件事甚至都没在她的预料之内）？对了，你知道的——父母的愤怒，各种各样的麻烦，非常可怕，不敢想象。这些想象描绘出一个即将来临的可怕场景。而当我们害怕的时候，我们就会颤抖，我们一抖，那个杯子里的橙汁会怎样？对了，洒掉！

告诉任何人（包括你自己）不要去做什么，只会强化你力图避免的那个非常糟糕的行为。所以，如果你曾经特别喜欢给自己的演讲鼓劲的话（来，振作点！你可不能出丑啊！），你就是在给自己设计一个悲催的局面。所以，我们要确信下面这句话能够达到预期的效果：“每天我都会在各方面表现得越来越好！”

20 世纪初，一位名叫埃米尔·库埃的法国药剂师始创乐观思维法。基于规律性的日常肯定，他发明了一种心理疗法。他要求接受这种疗法的参与者在每天的固定时间反复对自己说：“每天我都会在各方面表现得越来越好。”据说，这种不断的重复会在受试者心中产生一种自信和自尊。这种方法当然对很多人都有效，但是这种方法为什么对他们如此有效，却对另外一些人毫无效果，其原因在很多年后仍不得而知。

直到半个世纪之后，人们才发现，有效使用这种方法的那些人会立即想象自己变得越来越好。想象的过程比话语本身起到了更大的作用——实际上，人们把进步想象得越生动，越能想象他们会做些什么，以及当他们取得进步时他们会怎么样，这个疗法的效果就越好。

另外，人们越能调动多种感官去体会想象中的未来，这种疗法就越有效。最主要的感官是视觉感官，其次是听觉感官，最后是味觉感官。现在我也在使用这种方法，而我个人却无法体会到成功的“味道”，但如果你可以的话，那么看起来你使用这种疗法的效果会比我好很多。在想象中，我能够用所谓的心目（mind’s eye，有些时候会比其他感官的效果更好）去体会成功——我能够听到说话声、其他声音（如鼓掌声）。我甚至能触碰到想象中的成功。至于闻到它的味道？没有。然而，这种方法确实有效，即便你使用得不太完美。所以，现在我也给大家展示一下如何来使用这种方法。

## 这个不只是简单的“积极思考”

不要关注你不希望发生的事情（“我不想把这个弄得一团糟”），恰恰相反，你要让你的自言自语更加积极。所以，即使你还没有相信这个方法，我还是希望你说：“我下次演讲一定会做得特别棒。”现在，你需要闭上双眼，想象自己站在听众面前的讲台上，用你的心目去体会一下：每个人都在欢呼，你感到异常高兴。

坚持，就坚持一分钟。我都知道你想说“什么鬼东西！”并且准备放弃。但是，请和我一起做个快速的实验，好吗？我想证明给你看的是，这种自言自语和视觉想象合在一起的效果是多么强大！

## 怀疑论者的脑力验证练习

在绝大多数培训研讨会上，我都会用到这个小小的即时证明（你在家里可以做现场演示）。如果你参加过我的课程，或者读过我的其他书面材料，那么你可能已经知道了。现在，请起身，如果你是右利手，请向前伸直你的右臂，食指伸直，指向前方。如果你是左利手，那就用你的左臂和左手做相同的动作。现在，右利手的人，脚牢牢地站在地板上，然后伸出手臂，躯干向右转，看看你能转动多远。记住一个物体，表明你最终能转到的位置，然后回到初始位置。左利手的人，做同样的动作，但是要转向左侧，然后回到初始位置。

现在，继续站立，闭上眼睛。我现在要你来想象（一点也不要动，只需想象），在你的心目中，再转一次身。你会发现，在想象中，相对于上次停下来时指向的那个物体，你可以转得更远一点——4 英寸 *、8 英寸、12 英寸、16 英寸，毫不费劲。记住想象中的你转动了多远，然后想象着回到最初状态，睁开双眼。

现在，举起手臂，食指指向前方，再做一次转动（真的要转动身体）。发生了什么？这次能转动多远？八成以上做过此类测试的人，在第二次转身的时候，都可以毫不费力地转到比第一次远很多的地方。

然而，我们的身体并没有什么改变。你不会突然具备马戏团的柔术师或顶级体操运动员的素质，你所做的只是用半分钟在脑子里画了一幅不同的画面。你未必会相信但事实如此：你的大脑被你描绘的画面完全骗过了，它认为你可以，所以你就做到了。

明白了吧，人类的大脑多么的天真，它甚至不会区别真实场景和想象场景！如果你告诉它某事是这样的，如果这件事在客观

* 1 英寸 =2.54 厘米。——编者注

上是有可能发生的，你的大脑就会帮你完成这件事。顺便说一句，你不可能违反物理定律，比如拍拍手臂飞起来、在水下呼吸、飘浮在空中或者其他任何现实中不可行的事。

## 如果你这么说，你就是个颤抖的小白

如果你一遍一遍地告诉你的大脑，下次商业演讲的时候，你会是个颤抖的演讲小白，而且你都想象得到下次演讲的糟糕场景（头脑中出现画面），你的大脑就会给你想要的结果，绝不会辜负你。你认为你自己什么样，你就会什么样，而且非常神奇的是，你认为你自己是什么样的人，其他人也会因此而认为你是什么样的人。

## 如果你这么说，你就是个无畏的演讲者

在得到你的亲身验证后，我该给你实际的指导了，让你能真正像一个良好的演讲者那样去思考问题。这些指导基于现代的体育心理学。我经常听到顶尖的职业高尔夫球手和网球手谈论他们需要在赛前用心感受球已经进洞或者球过网了。

在商业领域也是如此。一位传授我谈判技巧的哲学博士一直在研究经验和培训如何使人成为顶尖的演说家，他得出结论是：

那些经常会在谈判中取得成功的人通常在谈判前就清楚地预想了成功的结果。

不管相信与否，这种想象的画面已经成为相当有实效的东西。

## 学会想象着成为一名才华横溢的演讲者

在头脑中想象自己发挥了最佳水平，这一思维过程被称为可视化（令人惊奇！）。这一过程最重要的环节是“脑力训练”。脑力训练包括在脑海中反复演练一些重要的事件，尽可能多地把它和更多的感官结合起来，尤其是和心理意象（mental imagery）结合起来。各种类型的职业运动达人都使用这种方法让思想集中在一些关键的竞技活动、锦标赛以及可能破纪录的机会上，并极力避免去想象心理压力、对手、可能的失败或者遭遇的意外事件。如果你想发掘自己的最大潜能，那么在生活的任何领域使用这种方法都能起到很好的作用。

专业的精神实践方法可以是内在的，也可以是外在的。在关注外部时，你想象自己是一名听众在听你自己的演讲。同理，当你将注意力集中到内部时，你将自己置身于想象的事件中，成为演讲者而不是听众。在开始练习这个技巧时，你可以选择任何一种聚焦方法。

专业的精神实践可以营造一种无敌的感觉，可以改变心态、增强信心。

## 外在精神实践

最好的可能也是最有效的外在精神实践技术叫作“最佳表现精神实践”。体育界人士在他们自己的特定领域列出他们与最佳表现相关联的属性。例如，对于一名高尔夫球手来说，最好的表现可能包括完美的挥杆、准确的推杆、专注的技术、全神贯注的精神、自信的态度和完全准备好打球的感觉。

对于你，未来的高效演讲者，你要列出与最佳演讲表现相关的属性，包括坦诚、自信的肢体语言、绝对的权威、强有力的声音、把握主题的能力、自信的态度、对于内容的“烂熟于胸”，以及随时准备开讲的状态。

现在你需要在脑海中描绘出一幅非常详细的画面。回忆一下你自己之前的一次演讲，尽管在开始之前有过种种顾虑，但实际上你的那次演讲效果很好。如果你真的不能回忆起这样一个场景，那就编造一个吧——设想一下你认为的完美的演讲是什么样。我重申一下在前文中说过的一点：你的大脑不会区别真实场景和想象场景。所以请继续想象那些美好的事情吧！可视化过程需要回忆这种真实或想象的极佳表现，尤其是回忆一下哪些特性和行为可以让自己表现最佳。

## 详细指导

第一步：**需要放松**。摆个舒服的姿势，躺下或者坐在舒服的椅子上。慢慢地做深呼吸，吸气三秒，呼气三秒。坚持做一分钟，直到放松下来。（请不要放弃！就在2004年雅典奥运会之前，我在电视上看到一位俄罗斯体操教练让一位年轻女运动员完成了这套精确的指令。30分钟后，这位女运动员顺利地完成了此前几次未能完成的排位赛。）

第二步：**需要视觉想象**。在心目中想象你站在一个影院的大银幕前。银幕上正在放映一部电影，电影中的你正站在商业听众面前进行精彩的演讲。你实际上是在听众中聆听一个克隆的自己在演讲—— 一个置身事外的体验！当你聆听自己演讲的时候，想象一下，你会感觉如何？你脑子里在想些什么？记住，如果你能做到的话，那就是你所拥有的（不管是真实的或是想象的）自信。

在这个正直、自信和强大的状态下，你要尽可能清晰地认识自己。尽可能从多个方面去关注一下自己的存在感：你的样子，你的感觉，你的气息，你看到的，你决定如何站立，你的心跳，你的面部表情……一切有助于你表现最佳的方面。你要把这些感受印刻在你的脑海里，以便你随时调用它们。这样一来，你能够想起过去发生的所有大事，这些事让你有了"世界之王"的信心。

现在清空银幕，银幕上将显现另一个场景，这部电影不再是关于以前的历史了。银幕上播放着即将到来的演讲—— 一个尚未发生的事件。在未来的这个事件中，你将成为一个重要的演说家。你将再次从你过去的真实事件或想象事件中回忆起那些相同的感觉——你完美、坚强、自信的表现。你一定要知道，在未来的事件中，一切都会像过去一样完美地呈现在你的面前。

继续来看这部关于未来的电影，你会看到自己站在讲台上，精神十分集中，感觉非常敏锐，完全置身现实。你看到的这个状态给了你想要的一切：听众互动、演讲顺利进行、坚定的声音、发自内心的笑声、掌声……你要从你的演讲中找出你想要的每一个重要结果，想象这些结果真的在你的脑海中发生，看着这些你梦寐以求的每一个理想特征真的展现在你的面前。

第三步：**需要不断强化**。我们人类通过不断重复来学习，所以这种外在精神实践每天至少要重复一次。我每天要做的第一件事和最后一件事就是这种精神实践。某些人可能不禁质疑：你还在坚持？当然，否则成功的秘密怎么可能一直都围绕在我们身边？只是 95% 的人都太安于现状，不愿意去发现这些秘密，也不愿意去做任何和这些秘密有关的事。

成功总会留下线索，所以我去模仿其他成就非凡的人所做的事情。他们一遍又一遍地做着这些事，而这些事都能在他们的著述里找到踪迹。尤其是运动员，不管男女，他们一直都在做精神实践。他们一旦懒于这么做，就会在竞技中失利。在最近的学术研究中，人们想知道是什么因素让商界宠儿如此“幸运”。据披露，他们每天都会留出一些时间专门用来想象或冥想。我也会这么做：我会经常地、敏锐地、清晰地想象自己在哪里，我想成为什么样的人。我也不是很理解，我只是这样去做，因为这样做的确很有效果，即使有时我的想象没有像我希望达到的那么清晰明了。

> 如果一天没有练习，我自己会知道。如果两天没有练习，评论人士会知道。如果三天没有练习，听众会知道。
>
> ——帕德雷夫斯基（Paderewski），俄罗斯著名钢琴家

## 内在精神实践

精神实践的第二种方法是内部聚焦。这一次你要进入你自己的头脑，而不是看着电影银幕上的自己。你要放眼观察，侧耳聆听，亲身去感受想象的讲台或桌子的木质边缘。作为演讲者，你要看着那些想象中的听众，感受一下脚下的地毯，听听大家给你的掌声，看看高层人士或客户抬头看着你并点头表示赞许；你要想象一下你在直视着他们，他们也在注视着你；你要体会一下自己的微笑，听一听想象中的从听众那里提出的一个问题，听一听自己清晰、明确的回答。

我认识的一些演讲者经常迫不得已去面对相对悲观甚至有

些愤世嫉俗的听众（对我来说，这通常会发生在公司的销售会议上）。此时，你就要把想象再推进一步，把听众想象成一丝不挂、戴着纸帽子等形象。我的一个同事喜欢非常宽松的理查德·布兰森 [Richard Branson, 维珍（Virgin）品牌创始人 ] 风格的着装，他非常害怕穿商务正装的听众。所以他想象他们穿着褪色、邋遢、破旧的牛仔装。你也可以这样做，或者想象他们非常瘦或者非常胖，或者把他们看成坐在高脚椅上的孩子。我最喜欢想象他们都长着长长的鼻子、招风的耳朵，戴着“假胡子和假眼镜”。你愿意把他们想象成什么样子，就把他们想象成什么样子。

你会发现，一旦你把他们放在你想象的场景中，情况就大不相同了，因为恐惧本身就是一个完全假想的冒名顶替者。记住，恐惧的英文拼写是 FEAR（Fictious Events Appearing Real 的首字母组合），代表看起来真实的虚构事件。如果你不相信我的话，那么尽可一试。你会发现，试着和那些长着大鼻子和大耳朵的可笑之人交谈，就像和那些可怕的穿着深色套装的商业主管交谈一样，你就是做不到。

就像许多新技能一样，你需要一段时间来练习和适应这些实践。当你确实练习了一段时间的时候，一切也未必总是进展得很顺利。但是，坚持显然是必需的，坚持将给你带来回报。几年前，我 44 岁，学会了开飞机。我当时想，每一堂课都可能是我的最后一节课，而我的教练并不知道我的想法。我显然是一个彻头彻尾的颤抖的飞行小白！尽管我感觉不到有什么不妥。我总是非常消极地想："再上一节课，然后我就告诉教练开飞机不是我的菜。"然而，每个星期我还是在做越来越多的飞行，不用等人命令。后来，我开始正视飞行训练："好吧，我可以飞直，可以飞平稳，但是转向就是另一回事了。"几周后："好吧，我可以飞直、转向、爬升、下降，但我永远都学不会在无线电上讲话。至于学习莫尔斯电码、螺旋俯冲、从失速状态中恢复、使用导航，这些就别提了，更不用说我的'第一次单飞'。"事情就这样继续下去，但我始终坚持内在精神实践。我不断地把自己想象成一个出色的红箭飞行表演队的飞行员。在我的脑海里，我看着窗外，在无线电里讲话，从失速状态恢复正常。四个星期后，我第一次单独飞行；四个月后，我拿到了飞行驾照；现在我飞到停不下来。请不要放弃内在精神实践！

## 结　语

精神实践的主要目标是让你掌握高超、稳定的表现手法，不管你身处哪个领域。一开始，你必须每天至少练习 1 次，坚持 30 天。而且，如果你是认真的，那么你应该在接下来的 72 小时之内开始行动。心理学家告诉我们，对于任何一个新项目，如果我们在接下来的 3 天里不从思想转变为行动，那么我们可能根本就不会去做。

在选择是使用内在精神实践还是外在精神实践这个问题上，我建议每天交替使用。无论你认为它是否有效，精神实践对每个人都会有效。不要和高度智慧的人或亲密的朋友讨论这个问题，因为我发现，他们经常会以“如果很容易，那么每个人都会去做”为由驳斥它。好吧，可能不会“每个人”都去做，因为很少有人能发现精神实践每次都会起作用。

对那些有着强烈的自我改造欲望的颤抖演讲小白来讲，精神实践非常有效。如果你还在犹豫不决，不确定你是否愿意行动起来，那么你得马上进行下面的快速检查。

- 写下不采取行动的所有好处。
- 写下采取行动的所有好处。
- 写下不行动的代价。
- 写下行动的代价。
- 继续以上操作，直到采取行动的好处超过不采取行动的好处的 10~100 倍，不采取行动的代价超过采取行动的代价的 10~100 倍。

建立在精神实践和可视化基础上的心理学被称为神经语言学编程（NLP）。在过去的 15 年里，越来越多的相关书籍和课程呈现在那些希望更深入地研究和应用这些方法的人面前。你只要在互联网上搜索神经语言学编程，就会发现大量的神经语言学编程的网页。但本书是关于演讲技巧的，所以我们不会深入讨论这个话题。可以说，你可以利用我们在这里讨论的一点皮毛，快速地把自己从颤抖的演讲小白转变为受人欢迎的演说家。

所以，现在我们需要讨论的是，如何去编写以及如何呈现一个精彩的演讲。详情请见后续章节。

# 第三章

# 事先准备可以防止表现不佳

如果你不练习，别人练习，别人就会随时取代你。

**——布鲁克斯·鲁宾逊（Brooks Robinson），美国职业棒球手**

我们在引言中整理出了一些个人心理学知识，因为这些内容非常重要。毕竟，本书是关于“颤抖小白的演讲技巧”，所以我们在引言中首先关注什么是“颤抖小白”。但现在我们必须继续前进，继续上第一节课——关于真正叫作“演讲”的课。

首先，我必须告诉你它不是什么。一个人想要仁慈就必须残忍，这个教训很残酷。我没有办法举重若轻地把这件事告诉你。我左思右想，最后我得出的结论是，我必须马上讲出来。那就是**“演讲技巧 101”：你演讲的内容不是你的幻灯片文件，而是你自己。**

我知道这不是数据投影仪制造商和幻灯片软件包装上告诉你的，但这却是最本质的、最赤裸裸的真理。

几年前，一对英国夫妻（男的写歌，女的唱歌）在伦敦钯剧院（London Palladium）举办了一场为期一周的演出。他们因给肥皂剧和电视广告撰写和演唱歌曲而小有名气。在为时将近三个小时的演出中，就他们两个在表演。主流评论家给出了这样一个结论：“可以说，他们表演的唯一好处就是他们终于停下来了！”这就像我们大多数人对幻灯片演示的看法一样："天哪，什么时候才能结束？"

我不是没事找事，也不想卖给你硬件或者软件，所以我想提醒你为什么会这样。如今，无论我们生活在哪里，我们的台式电脑和笔记本电脑上都会有一模一样的复杂演示技术。当我看着你给我演示的时候，不管你的幻灯片采用了淡入淡出还是溶解效果，"重点提示"是从侧面、顶部还是底部介入，我都不觉得有多惊讶。我不会失控地嘲笑你的团队建设标志，也不会对你的剪贴画念念不忘，更不会认为是你创造的这些平淡无奇的小图片。

事实上，如果我再看到那些剪贴画，那么我可能会无聊透顶。要么是凯旋的经理扛着旗子登上山顶；要么是一个中心插着一支箭的靶子；要么是两只紧握着的手；要么是那个穿着蓝色西装的男人，背对着观众，双臂伸展，好像在仰望、拥抱他头顶上那些乏味的重点提示；要么是一只鸭子要用斧子把电脑屏幕劈开；要么就是一个地球，不管上面放着什么东西。

我知道你是怎么做到的，因为我也能做到，我有相同的剪贴画。我不觉得你有什么了不起。

在过去（大约15年前），我们还在使用35毫米玻片演示。我们还得让别人帮忙做玻片。玻片演示的效果不比现在好，但是它的成本却比现在高。然而，从听众的角度来看，他们更可能接受玻片演示。比如说，过了半上午，在即将达到最无聊的时候，听众仍然可以抱着一丝希望。玻片演示通常是通过一个投影仪顶部的环形塑料传送带来传送的。每个传送带可以容纳50个玻片。随着文稿演示的进行，传送带会嘎吱嘎吱地转动，在当前一张玻片移动时，下一张玻片会咔嗒一声到位。此时，听众可以瞟一眼投影仪传送带后面的空间，从这个空间估计出未显示的玻片数量。这样，我们就可以估算，对于这样的无聊时刻，我们还得忍多久。现在可没有这种好事了——所有的东西都在计算机里面，我们根本无法判断演讲何时才能结束。

听众（有时就是你和我）坐在那里可能（有时目的明确，更多时候是不自觉地）会问："这和我有什么关系？"而更多听众在陷入无聊的深渊之前只关注一件事：这对公司、对组织或对演讲者有什么好处。避免这些问题的发生以及让每次演讲都大放异彩的秘诀是一个词：准备。

这就是你还没开始演讲就问题频出的原因。大多数演讲者都不做准备，但许多演讲者认为他们做了准备。所以让我们来看看什么不算准备。

- 演讲的前一天晚上拼凑几张幻灯片。
- 借用别人的幻灯片，把这些幻灯片和自己的一些幻灯片掺和在一起。
- 因为得到别人的许可，所以你就用一整套别人的幻灯片去做演讲。

- 逐字逐句地写脚本，可是直到“演讲当天”几乎一眼也不看，也不大声读出来。

以上都是让我们所有人烦死了的演讲方式。

准备和排练可以帮助颤抖的演讲小白，因为它们能消除 75% 的紧张感。

那么，怎样一步一步精心准备，才能消除 75% 的紧张感呢？

消除紧张感共有八个简单的步骤，采纳这八个步骤可以改变你的一生。大多数演讲者对此不屑一顾，即使读过本书，他们也不会有任何改变。这些步骤如下：

8. 你打算什么时候排练？
7. 你怎么兴奋起来？
6. 你的图片在哪里？
5. 你打算怎么开始？
4. 你打算怎么收场？
3. 为什么选择这个内容？
2. 你的听众是谁？
1. 目标在哪里？

# 采取步骤

## 你的观点和目标是什么

我在世界各地的许多会议上做演讲，有些会议会持续两天甚至更长时间。有时我也是协办人、主持人、解说员、司仪或者会议负责人。换句话说，我是能让会议热热闹闹地进行下去的那个人。

我会在早晨让听众热身，而在午饭后把他们唤醒。我告诉他们将会发生什么以及议程将如何展开。我主持过一个关于特定公司重要议题的小组讨论，我经常主持一个关于销售、演讲、谈判的研讨会，或者主持一个关于“在达到巅峰状态时我们该怎么做”的高峰论坛。

大部分销售人员始终绕不开“吆喝不是销售”这个怪圈，经常会落入“讲、讲，还是讲”的俗套。他们都参加过培训课程，都被告知过为什么这种方法注定会失败。但在这个领域里，在顾客面前，他们会立即回归旧习——事实、事实、事实、东西、东西、东西。他们想知道为什么他们销售得不好。他们不应该再感到惊奇了，因为他们要讲的东西实在太多了。

人类很难在很短的时间段内吸收和理解大量的事物，所以我们经常听到“信息量太大”或者“信息过载”这样的短语。这类似于大多数商业演讲——有太多的“内容”是无用的。我请大家回想一下前一天早上的会议场景。

"你是否记得昨天上午 9 点有一场开场演讲？"
（大家笑着回答："是的。"）
"那个开场演讲用了多长时间？"
（"大概 30 分钟。"）
"谁能用 30 秒给我概述一下这个演讲？"
（一般大家都会保持沉默。）
"谁可以告诉我这个演讲的标题或者主旨？"
（一般大家都会保持沉默。）
"谁能告诉我演讲者的名字？"
（一般大家都会保持沉默。）

大家保持沉默的原因主要就是因为演讲者在他 30 分钟的演讲中塞入了太多的东西。演讲者讲得尤其糟糕，这倒也无所谓。但是，这些要点、事实使得听众的大脑乱成一锅粥，然后听众选择了放弃，他们不再听了。这就是他们什么也不记得的原因，因为他们的脑子被清空了，什么也没有留下。

**他们就是不明白！**

我刚刚做培训师的时候，发现一个最令我震惊的事：在几个小时的课上完之后，听众脑子里还记得的东西真是少之又少。如果一个班级有三分之一或者四分之一的学生能回忆起你想让他们记住的内容，你就已经很幸运了。还有一个更严重的问题，他们记得的内容都是不一样的。早期在商业听众面前演讲时，许多演讲者认为，这一切都归因于摆在他们面前的一大堆“特别没有头脑”的听众。这些演讲者要花很长时间才能意识到并承认问题不在于听众，而在于演讲者。

20 世纪 50 年代末和 60 年代初的时候，英国首相哈罗德·麦克米伦（Harold Macmillan）曾给下议院的所有年轻议员提过如下忠告：“任职 1~10 年的议员，讲话内容应该不超过一个要点。任职 10~20 年的议员，有了足够的经验，讲话内容可以包括两个要点。任职超过 20 年的议员，讲话内容可以增加到三个要点。到此为止，在任何演讲中你能讲清楚的最多也就三个要点。”

那么，现在你需要决定你要讲几个要点。如果你真的想讲三个要点，那么这也无可厚非。但如果你采纳我的建议，只说一点，那么你一定会做得更好。

**如果感到困惑，那么这里有一些指导**

如果你是一家银行的经理，你演讲的要点就不应该是你的银行；如果你是项目经理，你演讲的要点就不应该是让听众了解这个项目；如果你是个兽医，你演讲的要点就不应该是让听众了解关于狗的事情。

如果你把上面的任何一条当作你的“要点”，那么一切又得从头再来了。你选择的主题太宽泛了，或者说你有太多的东西要讲了。

### 勇往直前地自私吧——你的要点应该是关于你自己

你选择的“要点”应该细化，细化到像剃须刀那样犀利。这样凝练的要点会让你在演讲时更专注，演讲也就更令人难忘。这是你在演讲中唯一可以使用“我”和“我的”的地方。在商业演讲中，“我”和“我的”是最常见的词汇，也是最不具说服力的词汇，所以我只允许你在演讲稿的“要点”部分使用这两个词。你应该把要点放在你想从这次演讲中得到什么。是钱吗，还是升职？是想获得高级管理层的支持，还是想激励整个销售团队？抑或让听众明白为什么要裁员？

想想你的演讲将让你从不太体面的工作中受益，对你来说是一个很大的原动力。这会让你从百无聊赖中苏醒过来——当然这不是你应该考虑的问题。一旦你的要点已经充分，那么你需要把它们写下来。

有效的要点看起来大概是这个样子的：

“我演讲的目的是让董事会给我的团队 25 万美元来完成这个项目。”

“我演讲的要点是，在我讲完之后，听众会明白我为什么要解雇员工。”

“在我的演讲结尾时，我会说明为什么听众应该给我的公司颁奖。”

所以，如果你要准备下一次演讲，那就拿一张白纸，在上面写上：

> 我演讲的要点是……
>
> （然后请继续）

注意：如果你有两个甚至三个要点要讲，那你需要把它们也写下来。但是，在这个阶段，如果专注一个要点，那么效果可能会更有力、更让人难忘。

## 你的听众是谁

我办公室的墙上有一张海报，海报上面画着一个愁眉苦脸、日渐秃顶的中年男子坐在一个标准的老板椅上。海报的下方印有以下文字。

> “我不知道你是谁，
> 我也不知道你从事什么职业，
> 我不在意你做什么生意，
> 我也不在意你为什么耽搁了，
> 我不管是谁的错，
> 我不关心你的产品，
> 我也不关心你的家庭，
> 我不在意你的薪水，
> 我不关心你能否升职，
> 而且我真的不关心你是否能赚到钱……
>
> 现在说吧……你想卖给我点什么？”

可能有点残忍，有点无情，而且你可能会说：多么卑鄙的一个老饭桶！然而事实是，大多数参加理念、产品或服务展销会的顾客在某种程度上都会在内心说几句和上面相类似的话。他们其实就是在问："这和我有什么关系呢？"因为不管我们相信与否，大多数人只对自己感兴趣。所以，在你起身那一刻，你的要点，在前一个步骤中已经精确地谋划好的要点，现在就需要转化成以"你们"为中心的表述了。

> 坏消息是你们中的很多人都被解雇了，好消息是我升职了！……唉，看得出来你们大多数人得到的都是坏消息。
>
> ——英剧《办公室》中由瑞奇·热维斯（Ricky Gervais）扮演的戴维·布兰特（David Brent）

**关于"你们"的表述**

"你们"是商务沟通中最罕见的用词。和我在前文介绍给大家的那些最常见也是最缺乏说服力的词（"我"和"我们"）不同，"你们"最有说服力。

在演讲时，所有内容都应该集中在专业语言、预期的需求、接二连三的问题以及商业听众的动机上。演讲者最容易说服的听众是单一层次的听众——同一种类型的听众。他们可能都是你公司的主要董事，或者都是会计师，抑或都是工程师。毕竟，你知道你要讲什么要点。但是，大多数董事会成员想听什么呢？会计师会使用什么样的专业语言呢？怎样讲工程师才能理解呢？要想让听众了解你的观点，你需要花更多的时间来分析和了解他们看待问题的方式。以下是你在任何公司都会遇到的三类听众。他们是董事会、会计师以及你自己的团队。

**董事会**

比如说，董事会成员希望从“未来”的角度去听你的演讲。公司雇用董事会成员来指导公司开拓新的视野，而公司的日常业务由中层管理人员管理。董事会成员坐在他们的办公室里，吹着空调，运筹帷幄，决胜千里。所以，当你站起来演讲的时候，你会以什么样的内容来支持你的要点并说服他们？你需要给你的项目多分配一些预算，这无可厚非。但是，董事会想知道这样分配预算——如果他们给你的话——会如何在今后的两三年内迎合公司的发展需要。这就需要你围绕你的要点为董事会设计故事。

**会计师**

当天晚些时候，你有可能要向会计师团队汇报你的预算情况。在同意配置资金之前，董事会可能需要“算计高手”的一些建议。如果你向会计师团队做同样的演讲，还讲那些“未来两三年”的事情，那么可能不会特别奏效。会计师们可能只关注本财年的情况。因此，你的故事可能要着重描述在你获得预算分配后，你会带来什么样的眼前利益，还有你会建立什么样的制度来控制每月的开支。要点相同，故事不同。

**你自己的团队**

在向你自己的团队谈论这笔可能的预算分配时，你可能会触及这个组织的未来。你要坚定地说明，为了过会计师这一关，所有人都需要按照要求提供准确的报告。但是，对于你的团队来说，他们更关心的一定是，如果能按时、按预算实现既定的项目目标，那么他们的职业生涯和发展前景会受到什么影响。还是同样的要点，不同的故事。

在每一个场合，不同的听众只会从他们想要的角度去理解你想要什么。

在“销售学校”，老师会告诉销售人员，首先要搞清顾客对产品的需求，然后针对顾客的需求推销产品。这样，你可以向完全不同的顾客销售完全相同的产品。例如，一个富有的老太太可能很想买一辆捷豹汽车来开开。稍经试探，你可能就会知道她对舒适和安全很感兴趣。所以你推销的重点应该放在以下方面：柔软舒适的真皮座椅，应对寒冷天气的内置座椅加热器，可以调到合适位置并让她舒适地操控方向盘的电动升降座椅，防抱死制动系统，行车记录仪，还有车窗关闭时安静的驾驶体验。

而典型的“赛车手男孩”显然更喜欢捷豹流畅性感的车身设计，油门踩到底时排气管发出的隆隆响声，闪烁的合金车轮，超重低音 CD（光碟）系统，还有惊人的加速度。

在这两种情况下，他们都希望拥有同一辆车，但他们购买的理由完全不同。你的每一个陈述都要遵循同样的规则：**用听众的专业语言去说明你的要点。**

如果你是一名地球物理学家，要和一群会计师谈话，你就不能像对其他地球物理学家那样给他们讲岩石和缝隙之类的内容。你要用钱来和会计师说话，即要用他们能懂的话去阐述你的要点。

如果你是一个创意广告人，你要向由一群工程师经营的某个公司来推销你的广告创意，那么你必须用清楚、明确的术语来表达你的创意。如果你找不到工程术语来强化你的观点，你就没法赢得工程师们的支持，也就很可能无法达成这笔交易。工程师们用一种不同的语言与你交流，所以你要用他们能听懂的话去阐述你的要点。

2006 年年初，我坐在斯堪的纳维亚（Scandinavia）一家酒店的房间里，在我的笔记本电脑上输入这些内容的时候，我刚刚看完雅虎新闻的一篇关于安然欺诈案审判的文章—— 一桩巨大的金融丑闻开始搅动美国的法律制度。我注意到首席检察官恰好采用了本书的这一部分所描述的方法。他的观点很明确，就是一定要把受审的高管送进监狱。然而，他必须说服那个 12 人组成的陪审团，而这些人可能对公司会计知识知之甚少，对资产负债表、盈利和亏损账户的了解更微乎其微。这个检察官如果用资金、规模、账目和现金流等专业术语与陪审团进行讨论，那么肯定会让陪审团困惑不解，而这名检察官很可能得不到他想要的结果。所以，他用另一种说法给陪审团做了阐释。雅虎的文章引述如下：

> 检察官约翰·休斯顿（John Hueston）在开场时对陪审员说："这个事情很简单，它和会计事务无关，与谎言和选择有关。"

作为一名专业的演讲者（庭审律师向来如此），这名检察官知道，陪审团可能不理解账户的问题，但他们都明白谎言意味着什么，于是他需要用通俗的语言来解释自己的观点。

如果听众很复杂，你无法把他们定义为"均为财务人员"、"都是地质学家"、"都属于销售人员"、"全是高管"或者"清一色的医生"，那么你需要总结这些人最普遍的共同点。如果你想把握未来、取得成就，那就要用一种他们都能理解的语言来表达你的观点。

**最后一点**

时刻牢记，商业听众并不是反对你，他们只是更关心自己。你在演讲时必须直接与他们对话。你的演讲一定要能警醒他们，让他们忧患起来；你的演讲还要能吸引他们的注意力，让他们活跃起来。所以，现在在纸张的“要点”下面记下你将如何确切地表达你的观点。顺便说一下，如果你不确定，那么你可以找个人问问。你总有可能了解到听众是谁，比如找一名潜在的听众来问问情况。无论在哪，我在做演讲之前，都会仔细研究一下听众。我会问一个有意来聆听演讲的听众以下问题：

- 你想听什么？
- 你不想听什么？
- 你觉得，在我的演讲中学到些什么才会让你觉得不虚此行？
- 什么会让你犯困？

要点：“我演讲的要点是增加新产品的销量，这样一来，我或许就能晋升为销售主管了。”
听众：“听众都是我们销售人员，他们主要对短期或眼前的财务收益感兴趣，需要说服他们帮助你推销产品其实很容易。不过可能会有几个愤世嫉俗的家伙，所以你要有激励措施，如宣布新一轮的销售竞赛，谈一下佣金问题等。”

## 为什么选择这个内容

现在，你明白了，听众记不住大多数演讲的两个主要原因是：演讲内容太多，演讲者不愿用听众的语言来演讲。所以，现在你知道了，最好不要唠唠叨叨地讲太多东西。

至此，我相信你已经为接下来这件事——演讲秘诀做好了准备。除非你掌握了一些秘诀，否则你的演讲很可能会被听众忘记。我将在接下来的几页里揭晓这个秘诀。事实上，秘诀有多种，我希望你现在就能发现这些秘诀中的大多数。

在此之前，你需要找一只有秒针的手表。有吧？很好。对了，还要一张纸和一支笔。

现在我想让你看看下页方框中所列的词，然后在接下来的60秒内尽最大努力记住这些词。什么也不许写，就看着这些词。一分钟后，把书合上，然后，在准备的那张纸上写下尽可能多的词。准备好……开始！

当我们把这个练习作为演讲技巧的测试项目时，大部分人都意识到了一些问题，却不知道他们发现的正是所谓的演讲秘诀。

首先，有一个坏消息：没有谁能记住所有的东西。这清楚地说明了为什么演讲内容太多反而会以失败而告终。好消息是：每个人基本上都能记住一些东西，实际上，记住的还不少。然而，还有一点也十分明了，那就是，所有的人记的内容都不相同。还有一些人记的词汇根本就不在列表里。哦，天哪！

盒子　瓶子　插头

狗　水壶　电话

屋顶　电池　老虎

树　平滑　书

钢笔　五　票

钱　雪　屋顶

路　干草　气体　椅子

脚　蜡烛　航班

电缆　秘密　塑料

珍妮弗·洛佩兹　面罩

猫　屋顶　箱子

大　罐子　盒子

铅笔　丢失

演讲技巧　火

草　钩子　宾客

老虎　包　镜子

纸张　屋顶　棍子

### 大脑记忆的秘诀 1：开始部分

值得注意的第一点是，80% 的人倾向于记住列表开头的三四个词。同样的道理也适用于任何听众：他们通常都会记得演讲开始时发生的事。所以，演讲开始时除了“早上好，今天我要谈谈……”之外，我们还要增加一些内容。稍后我会详细讨论开场的问题。

### 大脑记忆的秘诀 2：结尾部分

值得注意的第二点是，同样有大部分人能够记住列表末尾的三四个词。这同样适用于任何听众：大多数人往往能回忆起在演讲或演出结束时发生的事情。因此，我们还将在后续章节讨论有力的结尾方法。

图 3-1 显示了大脑的记忆曲线。除非在记忆的过程中用一些“狡猾的手段”，否则这个规律放之四海而皆准。心理学家称这种记忆效果为首位效应（记住列表开始部分的单词）和近因效应（记住列表末尾部分的单词）。

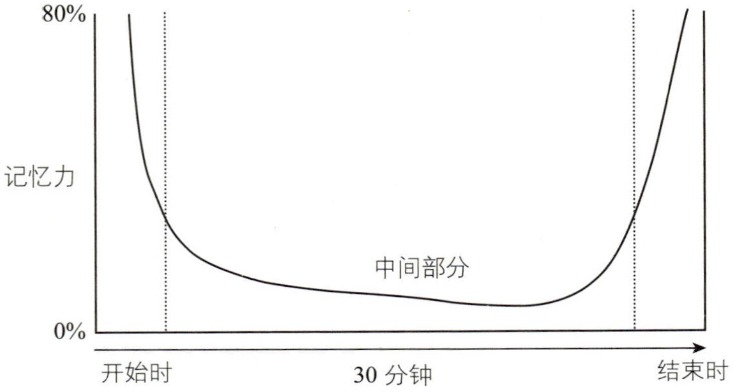


图 3-1　大脑的记忆曲线

**中间部分怎么办**

回顾一下你在记忆测试中写下的词。我敢打赌，除了开头和结尾的词，肯定还有其他三个词令你印象深刻。

它们是屋顶、珍妮弗·洛佩兹、演讲技巧。那么为什么这些词会留在大多数人的记忆中呢？而你，一个颤抖的演讲小白，怎么能利用这个启示，名正言顺地强迫你的商业听众记住你想要他们记住的内容呢？请听我一一道来。

**大脑记忆的秘诀 3：重复**

大家通常会记住"屋顶"这个词，因为人类大脑倾向于记住重复的东西。看看列表，你会看到"屋顶"出现四次。良好的演讲者会重复相同的词和短语，并善于不断总结。

**大脑记忆的秘诀 4：特殊强调**

“珍妮弗·洛佩兹”非常扎眼，因为在这样一个无聊的词语列表中，它很出乎意料。人脑喜欢意外和不同寻常的事物，并且倾向于记住这些事物。良好的演讲者会用与众不同的创意来强调他们想要表达的观点。

**大脑记忆的秘诀 5：与主题或标题相关的词或短语**

“演讲技巧”是与本书主题直接相关的一个短语。人脑倾向于关注与主题或标题直接相关的词或短语。例如，“演讲技巧”、“恐惧”、“紧张”和“声音”都会因为同样的原因而被记住。

**大脑记忆的秘诀 6：讲个故事**

辅助大脑记忆的最后一个非常重要的工具就是讲故事。讲故事是一种快速提高记忆的方法，这在练习列表中并没有展示出来。

大脑喜欢听故事。如果你希望听众记住你传达的信息，那么你在演讲过程中可以随时讲个故事、趣闻或举个现实生活中的例子。

## 强化演讲的中间部分的力量

演讲的中间部分对于演讲的成功至关重要，所以我们要花一些时间来研究如何把以上秘诀结合在一起。

**重复的力量**

大多数家长和他们的孩子都熟悉这种老生常谈：“我还得告诉你多少次？”严肃的回答是“很多次”。人类通过重复来学习——无论是学习演奏乐器、学习打网球、学习诗歌、背诵乘法口诀还是背台词，都需要重复。高级谈判人员都知道，在情况复杂、旷日持久的谈判中，定期总结各方迄今为止所取得的进展是一项有价值的技巧。如果不总结一下到目前为止已经达成的意向，星期一达成的协议或许在星期五就会被忘记。

政客们总是想办法在他们演讲、接受采访时加入他们所谓的“掷地有声”的表达——通常是几句话，或者一句座右铭，或者一个口号。在接受媒体采访时，他们会不厌其烦、一遍一遍地重复。几年前，在第一次接受电台采访时，我向一位经验丰富的同人征求建议，问他如何充分利用这次采访机会。那位同人告诉我，一旦有可能，就一定要重复你公司的名字——当主持人问你问题时，不要说“我认为”或“在我看来”，而一定要说在 ×× 公司，我们认为……”或者“我们在 ×× 公司的一般政策是……”。在正式接受采访时，我确实是这样做的。结果是，听众记住了我们公司的名字，打来了许多电话，给我们带来了不错的商机。

专业的商业演说家，如成功的销售主管，经常使用重复这一方法。众所周知，销售公司会以某种方式（信件、电话、广告、会议、媒体采访）至少接触潜在的客户六次，才可能实现销售目的。

> 重复法在销售行业的运作：
>
> 第一次，公司的名字会给潜在客户留下印象，但他们不会刻意地去记住这个名字。
>
> 第二次，潜在客户会记住这个名字，但不理解这个名字。
>
> 第三次，他们会记住这个名字，理解这个名字，但不会把这个名字和可能的需求联系在一起。
>
> 第四次，他们记住这个名字，并把这个名字与他们可能的需求联系起来。
>
> 第五次，他们会把这个名字和他们生意中需要解决的棘手问题联系起来。
>
> 第六次，他们准备讨论启用这家新公司来解决这些麻烦。

所以，在演讲时，模仿那些专业人士的做法——找到个适合的短语、格言或者一种掷地有声的表达，勇敢地重复。

### 特殊强调的力量

人们的头脑讨厌无聊之事，喜欢意外之举。如果你希望听众记住你演讲的中间部分，那就做些让人意想不到的事情吧。

1960 年，苏联共产党中央委员会第一书记尼基塔·赫鲁晓夫在联合国用鞋子捶打办公桌，这是最早也是最著名的“有力的意外之举”的例子之一。这个行为实际上隐含了两个演讲秘诀，演讲也因此成效显著。和我探讨这件事的大多数同龄人，甚至一些年轻人，都知道联合国“鞋子事件”，所以这个举动确实影响深远。

然而，同样是这些人，他们大多数并不知道这个“鞋子事件”是经过精心准备的。有照片显示，在尼基塔·赫鲁晓夫的“演讲”中，在他用鞋子捶打办公桌那一刻，他仍然穿着两只鞋子。那天早上，他带着第三只鞋走进了会场，就是为了“用鞋子捶打办公桌”。当时的英国首相哈罗德·麦克米伦在看到赫鲁晓夫的举动之后，机智地评论说：“或许我们应该翻译一下这个行为，我不太懂。”这个发生在 50 多年前的出乎意料的异常举动至今铭记在人们心中，证明了特殊强调的价值。

有些表面沉稳、貌似缺乏冒险精神的政客有时也会采纳“出乎意料的”做法。他把一整套演讲稿堆到讲台上。然后，他开始照着讲稿开始读：“大家早上好（停顿）……我要给大家做个关于教育改革的报告。”他走到讲台前面，继续说：“……但是我还是决定说说关于孩子们的未来……”啊，多么出乎意料！他没拿我们当外人，我们可以听到他真正的想法。这样的政客，算不上才华横溢的演说家，但确实是良好的演讲者，可以让听众一心一意去听他的演讲。

最近，我参加了一家大型跨国公司举办的一个项目管理与发展的开场演说。为了给整个项目带来开门红，该公司邀请首席执行官（CEO）发表主旨演讲。40名管理人员凑在一起，内心惶惑，惊恐不安，等待着这位年轻首席执行官的表现——就在不到一周前，公司里出了一些差池。他们都希望这位聪慧机敏的年轻高管能给个官方的“自圆其说”。首席执行官在开始讲话时说，欢迎听众在他讲话时随时提出问题（这本身就是个意料之外的提议）。

大约10分钟后，就在听众好像马上就会得到“圆满解释”的时候，突然，听众席中一个勇敢的人举手提了一个问题：“那么，对这个混乱的局面，你究竟怎么看？”这个首席执行官显然预想到了这个问题，并准备好了答案，但他的处理方式却让人意想不到。他回答说：“我知道我应该怎么给你解释……但我觉得该让你知道我的真实想法。所以依据‘查塔姆研究所守则’（The Chatham House Rule）可知……”从那一刻起，包括我在内的所有听众都被牢牢吸引住了。我们似乎要听到一些重大的公司机密，所以大家都聚精会神地听着。这个首席执行官显然不会认识那里所有的人，也不确定他们是否可以信任，是否可以向他们倾诉最隐秘的个人观点。我不知道我们是不是被巧妙地算计了，但是他把“内心想法”袒露给我们，单单这一点，就是异常精明之举。我们凝神倾听，并且记住了接下来30分钟内的所有演讲内容。

> 查塔姆研究所守则（给不知道的人讲一下）：在英国皇家国际事务研究所召开会议时，其与会者可以畅所欲言，无须害怕被追责或信息泄露；当公司主管或政客，而非皇家国际事务研究所成员，希望在闭门会议中畅所欲言时，也适用于查塔姆研究所守则。

**学会讲故事**

在美国，有人深入研究了“陪审团说服策略”（因为陪审团提供的建议会影响判决结果）。几年前，人们发现，如果律师需要将一个重要理念牢牢地植入陪审团的集体意识中，这个律师就应该设法将其与一个众所周知的故事联系起来。根据陪审团成员第一次听到这个故事的年龄来估算，他们当年听到这个故事时越年轻，效果就越好。如果这些故事能联系到《圣经》中的寓言，以及其他寓言、童谣或童话故事，那么效果会更好。

故事本身和讲故事可能是全球所有文化中最普遍和最流行的特征。人类有一种根深蒂固的讲故事能力，以及一种同样浓厚的听故事的欲望。几千年来，宗教能吸引门徒和追随者来传承教义，并不是通过分析事实，而是通过故事、寓言和传说。伊索寓言、荷马史诗和莎士比亚的戏剧都流传了好几个世纪，成为流行文化的一部分，因为它们是绝佳的故事。自 20 世纪以来，人类学、社会学和荣格心理学（Jungian psychology）都揭示出讲故事和对故事的热爱是人类最基本的特征之一。所以，作为一个良好的演讲者，如果你想让别人记住你，那么请在你的演讲中穿插大量的故事和逸闻。

以下是我在过去一年中听到四个成功的演讲中的精彩片段。

### 大型跨国管理会议

“因此，继续在这个市场上搏杀的时候，我们必须记住，我们这种规模的占据主导地位的公司可能并不总是受欢迎的。就像大卫和歌利亚 * 之间的宿怨一样，我们很少听到有人给歌利亚助威，即使歌利亚很仁慈。”

---

* 大卫和歌利亚都是《圣经》中的人物，歌利亚是个结实强大的巨人，而大卫只是个放牧小童。—— 译者注

### 技术经理给董事会做的演讲

“喂饱五千人的故事*众所周知。五张饼、两条鱼就能让众人饱餐一顿，然后他们的篮子里还装满了剩下的饼屑和鱼渣。这个故事听起来很荒诞，但我们公司的内网门户、外网门户和这个故事却有着相似之处。我们没有饼，也没有鱼，但我们有五名技术人员，还有两个网站。这些有限的资源服务于五万名员工并用于全球客户的沟通。我们现在所收到的反馈信息比我们当初设想的要多十倍。所以我请求你们再投资一百万美元，这样我们就能在将来为整个公司创造类似的奇迹了。”

### 第三世界国家卫生大会

“在第三世界国家卫生大会上，一些人希望立竿见影，一些人主张循序渐进。正如国王学院研究所（King College Institute）的耐药性专家格里·诺里斯（Gerry Norris）上周所解释的那样，这件事就好比龟兔赛跑。乌龟相当于正在进行临床试验的疫苗，兔子就是立即部署未经试验的疫苗。看起来世界卫生组织对数百万非洲人的真诚渴望就像野兔跑得一样快，但我们都知道谁最终赢得了比赛。”

---

* 《圣经》中提到的耶稣在世所施行的一个神迹，耶稣用五张饼、两条鱼喂饱了五千人。——译者注

### 一个销售演讲（一个我常用的故事，但愿不会令你失望）

“整天坐在椅子上不会给你带来更多的生意。我曾经的销售经理布鲁斯·坎特尔（Bruce Cantle）非常善良，他是个成功的商业主管，也是个伟大的演员。他有时会在上午的时候出现在销售部。他会在办公室里四处张望，很明显对有这么多人在场感到困惑，尤其是新来的销售人员——他们本应该去城里做推销。布鲁斯会环顾四周，然后快速接近其中一个人，叫那个人的名字：‘鲍勃……鲍勃，你为什么会在这里？’他会大声问。那个倒霉鬼含含糊糊地说，他在准备销售材料、写信、整理建议书等。布鲁斯听了一会儿，然后喊道：‘不，不！你知道那是什么吗？……你看，你还年轻，刚开始做生意，你还没有意识到办公室里没有顾客。但也许你认为有……我们一起去看看好吗？

“然后，布鲁斯会把手遮在眼睛上方，就像眺望大海那样。他会假模假式地在那里远眺一会儿，然后说：‘不……不，这里肯定没有顾客。’然后他会跑到窗前喊道：‘看，顾客在那儿……在街上，还有那些办公室里面！快点出去和他们聊聊，他们口袋里鼓鼓囊囊的都是钱！’

“最后，他会像风一样地跑出办公室，让所有在场的人（除了那个苦笑的倒霉鬼）大彻大悟，因为他留下了一个颇具价值的信息：办公室里确实没有顾客。如果你想招揽更多的生意，那么你必须关注你的住所、办公室以外的世界。”

以上只是四个简单的例子。在通常情况下，你可以让你的故事稍微长一些。但无论你怎样使用故事，你的故事通常都要包含以下七个要点中的六个。

- 能够激发听众的热情。
- 有戏剧性或者饱含深情。
- 有明确的目的或目标。
- 有时间参考性。
- 使用唤起心理意象的词语。
- 利用停顿创造一点张力。
- 含有一个与你的“要点”有关的信息。

**使用故事的原因**

- 与你不认识的听众建立融洽的关系。
- 让听众在午饭后清醒起来。
- 先发制人，不让听众先入为主地对你陈述的主题持否定态度。
- 制止因听众不理解而产生的批评声。
- 让老年人或知识渊博的人在不失面子的情况下了解新鲜事物。

- 让愤世嫉俗的听众在意念中支持或使用你的产品、服务或想法。
- 帮助听众中的潜在客户了解复杂的问题。

正如19世纪喜剧小品组合吉尔伯特与沙利文（Gilbert and Sullivan）中的吉尔伯特曾经饰演的一个角色[杰克·波因特（Jack Point），《禁卫队》（*The Yeoman of the Guard*）中的角色]唱道："谁要想让他的同伴变得聪明，就应该在哲学药丸上镀上金。"

良好的演讲者会大量使用故事。不要忘了故事，一定要用。

## 自找麻烦理论——编写一个良好的演讲稿

既然你已经知道了听众最可能从你的演讲中回想起什么，你就必须想一想你打算如何把所有的故事、事实、特殊强调、重复内容、开场和结尾汇集在一起。下面是大多数人的方式。我不推荐，但不管怎么说，我们还是要看一看。

平凡的商务演讲者会坐在办公桌前，面前摆着一摞白纸。出于某种原因，他们不太使用文字处理软件（想多活动活动？）。不管怎样，他们开始写了……

早上好，女士们、先生们……我今天演讲的是关于我们在全球经济中面临的问题和我们打算如何解决这些问题。在管理方面，我们决心阻止竞争对手的前进。在过去的几个星期里，我们花了很多时间，用了许多不眠之夜，来研究我们如何选择，最终决定制订一个合理的战略计划。回顾过去的一年，我们可以清楚地看到销售数字低于预测值，核心产品线的市场不再繁荣，而新产品还没有上线。这会产生一系列的连锁反应……

然后他们停下来自言自语："不，不行，看起来不大对劲……需要一个更有力度的开场……我要把中间的那一部分挪到开头。"

然后他们就勾掉一些内容，又标注了一下，就像这样：

~~早上好，~~女士们、先生们……我今天演讲的是关于我们在全球经济中面临的问题和我们打算如何解决这些问题。在管理方面，我们决心阻止竞争对手的前进。在过去的几个星期里，我们花了很多时间，用了许多不眠之夜，来研究我们如何选择，最终决定制订一个合理的战略计划。回顾过去的一年，我们可以清楚地看到销售数字低于预测值，核心产品线的市场不再繁荣，而新产品还没有上线。在会计预测和产量预测方面，这会产生一系列的连锁反应。我们的投资者只会给我们有限的时间来解决这些问题，然后他们便急着索要答案和结果。

如今，比起当年某人在某地创立这家公司时，世界已经大为不同。他当年花了很长的时间走访工厂……

然后他们又停下来："不行，用这个开头可能更好。"于是再划掉一些。

~~早上好，~~女士们、先生们……我今天演讲的是关于我们在全球经济中面临的问题和我们打算如何解决这些问题。在管理方面，我们决心阻止竞争对手的前进。在过去的几个星期里，我们~~花了很多时间~~，用了许多不眠之夜，来研究我们如何选择，最终决定制订一个合理的战略计划。回顾过去的一年，我们可以清楚地看到销售数字低于预测值，核心产品的市场不再繁荣，而新产品还没有上线。在会计预测和产量预测方面，这会产生一系列的连锁反应。我们的投资者只会给我们有限的时间来解决这些问题，然后他们便急着索要答案和结果。

~~如今，比起当年某人在某地创立这家公司时，世界已经大为不同。他当年花了很长的时间，遍访北方的工厂，努力寻找他的第一批客户。~~

这个过程会一遍一遍地持续好几次，最后的页面可能会凌乱不堪（这一点也不奇怪，他们中的许多人开始感觉到颤抖小白程序已经在体内启动）。然后，他们灵机一动……最好的办法还是重新开始!

第一页纸被撕掉了，洁白全新的一页呈现在面前——重新准备演讲稿。一切进展顺利，直到他们脑海中突然出现另一个念头……勾勾改改，一次又一次。撕页和重新开始的节奏开始加快。关键是，平庸的商业演讲者即使不用一周，也至少得用三四天，才能写出 30 分钟“非常一般的”演讲稿。如果这个人是你，那么你得浪费多少时间啊!

即便你使用 Word（文字处理软件）写演讲稿，这种无休无止的全盘推倒从头再来也会消耗掉大量的时间。有些人只准备了一些要点幻灯片（没有注释），然后希望在演示每张幻灯片的时候会发生“神奇的”事情——那天的演讲会突然变得特别有说服力。

他们起身准备演讲时就变成了颤抖的演讲小白，这一点也不出乎意料!

然而，上述所有准备过程的混乱局面揭示了一个道理：强迫你的大脑专注于笔记本上的那几条要点是没有用的。因为让大脑心无旁骛地专注于一件事，就是坚持 30 秒也是非常困难的。大脑很有创造性，善于发明，是几乎可以独立运作的计算机，总是能想出一些奇妙的点子。你只需要把一个想法注入普通的大脑，不用你帮忙，它就会自行运作。大脑产生的解决方案会与最新的想法息息相关，这个想法可能是在早些时候形成的，要么在几小时前，要么在几天前或几周前。

这些方案通常都会呈现出某种形式的“领悟”或者某种心理意象。常见的混乱过程是你可以立即加以利用的创造力的核心。有一个更好的方法可以为你的下次演讲编制所有资料，那就是使用所谓的“概念导图”。概念导图非常有用，可以帮助你同化数据、记录复杂笔记和鼓励大脑采取更有创造力的方式。概念导图不是用来对抗你眼前的混乱的，而是用来在这种混乱中提取关键信息的。概念导图可以显示主题的结构（本例中的“要点”）和与之相关的问题之间的各种联系，如标题、故事、讲故事等特殊方法，以及一般演讲者都会提到的基本事实，等等。概念导图可以用一种让你的头脑很容易记住并能快速回顾的方式呈现信息。你再也不用总是“重新开始”了，因为演讲开始、中间和结束的方式都已经摆在你的面前。

大约 30 年前，一个名叫托尼·布赞（Tony Buzan）的英国人让概念导图异常流行，他把概念导图的一部分发展成了“思维导图”（Mind Map）系统，并且申请了版权保护。布赞发现，如果学生放弃传统的线性笔记形式，而是更巧妙地把笔记画成二维结构的形状，那么他们就能更容易地记住课堂笔记的内容。思维导图和概念导图的区别在于，思维导图只允许有一个中心要点，而概念导图允许有多个中心要点。好吧，我知道我一直在强调一个中心要点对于一个良好的演讲有多么重要，但是我知道仍然有很多人坚持要讲两点甚至三点。所以，如果你真的必须讲三个要点，那么我推荐使用概念导图。良好的概念导图会让设计者看到主题的“形状”、不同方面的相对重要性，以及一个事物与另一个事物的相互联系。

你可能会发现，使用概念导图可以缩短记笔记的时间，不管主题有多复杂。因为概念导图比传统的线性笔记更紧凑，通常只需要一页纸就够了。概念导图可以帮助你轻易地展开联想。如果你在绘制了主要概念导图之后突然想到一些其他要点，那么你可以轻而易举地把它们集成起来，不必毁掉前面做好的一切。

概念导图具有以下作用：

- 概括信息。
- 整合来自不同渠道的信息。
- 仔细考虑复杂问题。
- 展示体现主题整体结构的信息。
- 确保演讲稿围绕一个中心点来展开。

把概念导图当作助记符号使用也很有效。实际上，你可以在演讲中使用概念导图，并将其作为视觉辅助材料来提醒听众与某个要点相关的问题。（我用概念导图来写本书时，这个想法突然出现在我的脑海里。）记住概念导图的形状和结构常常能引申出一些必需的线索，这些线索有利于提取概念导图中的信息。与传统的线性注释相比较，概念导图在组织和联系事实的过程中会消耗更多的脑力。

使用概念导图制作演讲稿需要注意以下细节：

- 在页面的中心位置，按照你之前所写的那样，写出演讲稿的要点，并在其周围画一个圆圈。
- 对于主要的能帮助你把事实说得更清楚的主标题（故事、相互关联的事实等），你可以从这个圆圈向外画些带有箭头的直线，在箭头的前方画一些矩形框，在这些矩形框中注明主标题。
- 如果你还有与上述主标题相关的其他级别的信息，那么也可以将其绘制出来，并将它们与主标题相连。
- 对于个别的事实或想法，从适当的标题线画出线条并且做好标记。

图 3-2 就是一个简单的概念导图。这个概念导图围绕演讲者想要听众理解的“要点”展开。在这个例子中，要点是“让听众了解圣尼古拉斯（St. Nicholas）不是圣诞老人”。同时还有第二个要点——“也要让听众理解布莱克·彼得（Black Peter）也不是圣诞老人”。听众可能层次不一，所以整个演示必须有一个简单的、大众都能理解的主题——不能太神学，也不能太幼稚。

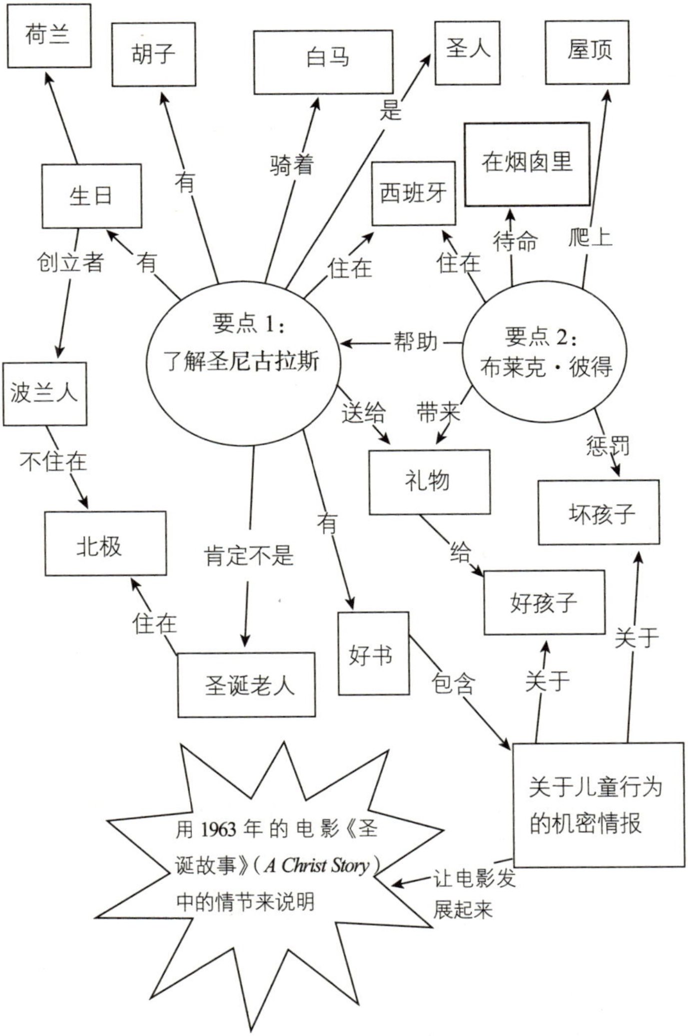
荷兰
胡子
白马
圣人
屋顶
是
在烟囱里
骑着
西班牙
生日
有
待命
爬上
创立者
有
住在
住在
要点 1：
了解圣尼古拉斯
帮助
要点 2：
布莱克·彼得
波兰人
送给
带来
惩罚
不住在
礼物
坏孩子
北极
有
给
肯定不是
好孩子
住在
好书
关于
包含
关于
圣诞老人
关于儿童行为
的机密情报
用 1963 年的电影《圣诞故事》(*A Christ Story*)中的情节来说明
让电影发
展起来

图 3-2　概念导图示例

一旦你把所有内容都围绕中心点（最多三个要点）写出来，你就可以开始演讲了。在演讲时，可能会有更多的想法涌现出来，但你不要去管它们，因为你已经有很多东西可以用来支撑你的要点。

如果你想把所有不同的项目在概念导图中整合起来，那么你现在必须仔细考虑如何将各个环节组合在一起。下面的“AYEEC”[英语单词 Attention（关注）、You（你们）、Explain（解释）、Example（例子）和 Close（收官）的首字母]模型 * 可以告诉你应该遵循什么。

- 关注：在概念导图上找到一些可以在演讲一开始就能吸引听众注意力的东西。
- 你们：你的演讲内容将如何影响到“你们”，而不是“我”或者“我们”。
- 解释：如果可以的话，用图片（不管是真实的还是想象的）来阐述你的观点，甚至通过让听众演示来说明问题。
- 例子：要举些例子（如故事、趣闻等）。
- 收官：隆重的收场很重要（让大家一起来唱你最动听的歌曲）。

---

* AYEEC 模型并不是多么高超的记忆模型，但是如果你忽略了它，那么你在下次演讲时又会变成颤抖的小白，又会不知所措。

## 你打算怎么结束演讲

自工作以来，我一直在听各种演讲（不少于400场）。这些演讲中的大多数并不只是糟糕，而是非常糟糕。一般演讲的结尾都很蹩脚，甚至让演讲者自己和听众都感到莫名惊诧。前30分钟的演讲通常都是靠一张张幻灯片来维持的。突然，屏幕上面显示一行小字——“这是你最后一张幻灯片了，哥们儿”。演讲者就会局促地笑笑，然后转向听众说：“哦，是的……嗯！……好啊……我觉得就这样吧……（这时他的语言和面部表情变得非常没底气，典型的小白形象）所以……是不是有人……呃……问问题？……没有？……有吗？……没有？……还有什么事吗？……那个……没有？……好吧，那么（瞥一眼会场里的领导，想获取点支持，没有用）……我觉得可以休息一下了！”

这时候，每一名听众都不知道他们刚刚听到了什么，但都非常高兴，因为无论讲的是什么，现在演讲终于结束了。即使在我不懂当地语言的国家，待在旅馆的时候，我也经常在休息时间和午餐时间去看看会议大厅里的代表们——他们的肢体语言说明了一切。一般来说，他们看起来很放松，但他们的摇头和冷笑似乎表明：“不管刚才听到了什么……都和我毫无关系。”

### 帮助马上就到

即使你是一名挺糟糕的演讲者，尽管你读至此处，我仍然能对你施一点魔法。这是一个甚至能唤醒世界上最昏迷的听众的咒语。这个咒语只有九个字，在任何演示中只能使用一次。你念出的这个咒语，真可谓“惊天地，泣鬼神”——玩三连棋游戏的会立即放下手中的棋子；在笔记本上收发电子邮件的人（现在越来越多的听众就是这么消磨时间的）也会停下来仔细聆听。

念咒语时，你会看到有人拿起笔，听见纸在沙沙作响。突然间，大家聚精会神。这句咒语就是：“最后，总结一下，我想说……”

我在全世界都试过，每次都会成功，无一例外。你只能在每次演讲中使用一次，但是这句咒语一定能唤醒人脑的沉睡已久的部分。一旦你说出这句话，听众就会在某种更深的层面上获知一些概要和指示，知道必须去做什么。遗憾的是，在大多数的时间里，大多数颤抖的演讲小白都未能利用这种本能反应。学术研究表明，即使在一个平庸的销售演讲结束时，潜在客户也希望下订单或者获取更多的商品信息，但大多数销售商很少主动出击。它们会说：“这就是我们的产品……你们可以考虑一下……期待你们的消息。再见。”大多数演讲结束时的场景与此如出一辙——听众突然兴奋起来，充满期待，然而除了主持人问了一个弱弱的问题外，就没有互动的环节了。然后……然后……大家就出去喝咖啡了！

**让大家一起来唱你最动听的歌曲**

我不喜欢背诵任何东西。但是，如果有一个地方可以让我燃起背诵的欲望，那就是这里。良好的结尾可能是演讲中最重要的部分，因为结尾真的能让听众激情燃烧。良好的结尾一般有三个部分。

总结：不应该再有什么新鲜事，应该总结出主要论据来支持你的观点。

点题：要干净利落，直奔主题。这是概括，不是重来一遍。

呼吁：结尾应该告诉听众你想要他们接下来做什么。

“最后……总而言之……大家现在都知道了公司为什么需要转型。这个转型的需求非常紧迫，早就应该解决，而且并不像我们许多人认为的那样耗资巨大。去年，我们发现我们的核心业务正被主要竞争对手蚕食，这就已经表明了转型的紧迫性。我们知道转型已经迫在眉睫，因为我们看到其他类似公司的保守策略均告失败。我给大家讲的曾经规模庞大的小部件公司（Widget Co.）的悲惨故事对我们所有人来说都是一个警告。正如各位刚刚看到的那样，转型项目的成本明显低于一些预言家的预测，而我们所有人要做的就是按照我们所知道的方法按部就班地实施。下周，我将询问你们每个人，请大家针对这种新的、更积极的方法给我一个现实点的预测。因为，如果不转型，那么这家公司——你们的公司，将无法生存。谢谢。”

若想将基本良好的结尾提升到接近专业水平，你可以对上述结尾进行一个漂亮的改进，这就是双响炮式（double whammy）的结尾。

如果在演讲结束时有机会回答问题，那么双响炮式的结尾最有效力。如果你决定要回答问题，那么你要做好以下准备：

- 充分了解主题。
- 准备好应对一些可能问到的较难问题（别以为听众不会问问题。如果有人问你，那么你会如何作答？）。
- 回答问题要实事求是：“这个问题很好……我不知道怎么回答，但我会找到答案，然后给您回复。”

为什么要用双响炮式的结尾？道理很简单。它会给听众留下一个印象，那就是，你完全把控自如。这也意味着听众记得的最后一件事是你讲的关键信息，而不是最后一个问题的答案。双响炮式的结尾能够向听众展示演讲者的自信，尽管会面临各种问题（包括那种古怪的挑衅的问题），你都泰然自若。

你如果想使用双响炮式的结尾，那么需要做到以下方面：

- 首先，熟练一下你的标准基本结尾：“最后，总结一下，我想说……”
- 其次，接受提问。不要问“有问题吗？”，而要问“有什么问题？”，这样更强势，更显自信。
- 最后，像以前那样重复标准基本结尾。在问答环节之后，即再没有更多问题的时候，不用征得允许，直接说：“女士们、先生们，我想再次强调一下为什么这一点如此重要……”

对于许多良好的演讲者来说，这一切似乎都很多余。但是，我可以保证的是，双响炮式的结尾可以确保听众最后能记住你和你的信息，不管他们是否记得任何其他东西。这可比“那么，我想是……我想是该喝点咖啡的时候了”强多了。

**鼓掌陷阱**

我差点忘了问了：你希望你的演讲得到多少掌声？想要真心的鼓掌、拍桌子，或者是那种发自肺腑的热烈的掌声？我知道，你在公司内部做的演讲，不管做得多么好，通常最多只能让大家点点头，或者是低声赞同。这些绝不是“真正的掌声”。你想让我教你一个全世界的政治家都在使用的一种手段吗？这个手段可以保证在演讲的恰当时刻得到掌声，特别是在结尾的时候。

接下来，我来教你怎么做。令人惊讶的是，这个方法和你说的话没什么关系，却和你说话的方式有很大关系。我经常会恶作剧地在演示技巧研讨会和讲习班结束时使用这个方法。然后，随着掌声消逝，我会告诉全班同学我是如何让他们鼓起掌来的。

鼓掌陷阱这一概念源于18世纪的英国戏剧。1721年的《纳撒尼尔·贝利词典》（Nathaniel Bailey's Dictionary）对此做了如下定义："鼓掌陷阱是指戏剧导演用来调动演员的情绪和节奏，让他们投入演出的策略；鼓掌陷阱是用来捕捉掌声的，确切地说，是用来在戏剧中赢得观众的掌声的。"

现在，在政治会议上经常使用一种基本的鼓掌陷阱方法，确保与会人员在领导人讲话的恰当时刻鼓掌。举个最简单的例子，会议组织者在大厅后面安排几个人，让这些人根据讲话稿上的标记带头鼓掌。其余听众就像羊群里的羊一样，随波逐流，也会跟着鼓掌。但现在的专业演说家会使用一种更为复杂的方法——**三段列表法**。

三段列表法包括三个要点，通常与另一方没有做到的事情或过去的问题有关。第一个要点是对当前的绝佳形势（在我方控制之下）或者在我方真正得到控制权以后的情况进行强调说明。第二个要点是利用排比句式。第三个要点是演讲者的肢体语言。通常情况下是这样的："对方说他们会减税……但是他们没有（演讲者的身体保持原地不动，声音温和）。对方说他们会改善我们的教育环境……但他们没有（看看周围的听众，声音温和）。对方说他们会改善我们的医疗状况……但他们没有（停下来再看看周围的听众，声音温和）。但是，**我们已经准备好了，而且肯定能做到**（演讲者的身体开始随着强调上下起伏，每讲一个词身体都会前倾，而且声音明显大了许多）！”

这时候，我敢 100% 保证，所有的听众都会鼓掌。事实上，这与句式、肢体语言和强调有关，而与实际所说的任何事情都无关。

你觉得现在没有人使用这个方法？在下一次电视晚会上，注意那些经验丰富的演说家，你会觉得很有启发。你会看到他们是怎样一遍又一遍地使用这三个要点的。这很让人震惊，也很好玩，因为掌声总是随之而来。如果你使用了这个方法，那么你的各种同事和敌人就会纳闷你是怎么做到的。

## 你打算怎么开场

有个农夫家里养了一头驴——挺温顺的一个宠物。农夫的孩子们很喜欢这头驴，经常搂抱它、抚摸它。尽管驴子通常都是出了名的倔，但这头驴子实在是太棒了，不用打，你一叫它，它就会过来。一天早晨，农夫像往常一样出去喂驴。但是，今天这头驴子没有像往常那样穿过田野向他跑过来，而是仍然待在原地。农夫朝那头牲口喊了一声，又喊了一声，但它还是一动不动。农夫穿过田野，来到驴子躺着的地方，发现驴子貌似非常健康，可它就是不想动。

那个农夫迷惑不解，于是就叫了兽医。兽医到达之后，就和农夫穿过田野向驴子走了过去。农夫在路上给兽医讲述了这头驴子的“宠物”身份。从来没有人用任何方式伤害过这头驴，每个人都对它很和善。兽医说他也会善待这头驴。当他们到达那头驴子休息的地方时，看到兽医在田里捡起一根长长的木棍，农夫非常惊讶。兽医走到驴子跟前，用棍子劈头盖脸地对着驴子一顿猛揍。农夫立即表示抗议，气愤地对兽医说：“我还以为你会平心静气地和它说话！”“对啊，我是要心平气和地和它说，”兽医说，“但首先我得引起它的注意啊！”

如果请一家广告公司为你的公司做广告牌或在杂志上刊登广告，那么你会发现开始的几周会有一样东西脱颖而出，那就是标题。如果你不能把潜在客户吸引到标题上来，那么你打算怎么让他们阅读广告的其余部分呢？为什么所有的报纸会用大字标题，为什么那些标题总是很刺激、很有戏剧性？甚至在较为严肃的报纸上都会频频出现诸如**刺激、震惊、恐怖**这类词语。讽刺性的英国杂志《私家侦探》（*Private Eye*）过去每年都会出版一本年鉴，年鉴中会汇集从全国性的报纸上选取真正“引人注目”的标题。我记得曾经就有过“流感恐惧症：恐怖笼罩”这样的标题。

当然，它们之所以这样做，是想让你买它们的报纸或者锁定它们的电视频道。但同样的道理也适用于商业演讲，你怎样才能让听众在演讲开始的时候保持足够的兴趣听你讲 30 分钟呢？你打算怎么唤醒他们？刺激他们、逗笑他们、激励他们，还是用别的手段引起他们的注意？

你站在那里，又拿出惯用伎俩——“早上好，女士们、先生们，今天我想谈谈……”，这和之前三位演讲者讲的完全一样，可能不会对你起多大作用。大多数听众在你一开始演讲时，就开始昏昏欲睡了。我知道，所有关于公共演讲的经典著作都会讲起一位神话中的苏格兰老牧师。有人问他是如何让布道者如此令人着迷的，他这样回答：

首先我会告诉他们我要讲什么，

然后我把这些东西讲给他们，

最后我再告诉他们我讲了什么。

凑巧的是，这是一个很好的建议，它会让你具备一个“一般”商业演讲者的水平。但是，在本书中，你还将学到一些技巧，这些技巧将让你不再是一般的颤抖小白，而会让你成为罕见的准备充分的良好演讲者。如果你想让听众把你当成值得倾听的人，那么你还需要继续深造。

你得把即将面对的听众从沉睡中唤醒过来。那么，你能做点什么呢？现在，暂时不要去从那些耸人听闻的文章中寻找灵感，不要模仿《国家询问报》(*The National Enquirer*)的头条报道的那样——“太平洋底部惊现公交车”“WD40 除锈剂可治疗关节炎”。尽管如此，仍然有很多方法可以让听众在演讲开始时警醒起来。做到这一点的最好办法是就是打破传统模式，不要单单因为“我们总是这样做”就去重复别人做过的事。

**提问式开场**

别再用陈述式的开场(“今天我要谈……”)，为什么不问听众问题呢？问题是世界上最能抓住注意力的东西。销售人员都知道，如果你想说服别人，那么问一个“问题”就相当于“解释”了 20 遍，因为问某人问题就像抓住他的衣领猛地把他拉过来一样。被问过问题的人不得不想一想你想让他们思考什么。

“各位早上好！在开始之前，有一些事情我想问问大家：这个公司的销售人员平均每天在顾客面前花了多少时间？”

“女士们、先生们，我有一个非常紧迫的问题要问你们：这家公司去年签署了多少个大规模开发项目？”

(在这两种情况下，演讲者需要停顿 10 秒。这 10 秒给听众的感觉好像 10 分钟一样。这会引起听众的注意吗？必然会。)

**沉默式开场**

还记得学校里的老师吗？你们最尊敬的那个老师。不是那个大呼小叫的老师，而是那个他一出现就会使整个教室安静下来的老师。老师悄悄地走进嘈杂混乱的教室，站在课桌旁，直到全班很快安静下来，他却一言不发。你也可以像那位老师那样，做一模一样的事情。

在被邀请到讲台前做演讲时，不要匆忙。良好的演讲者从不冒冒失失，他们落落大方地走到台前，停下来……然后他们环顾四周，面带微笑。如果听众中有人正在和邻座谈话，或者正坐在那里低声接听手机，那么演讲者会一直等到这个人抬起头来道歉（通常都会）。一般的演讲者也可以做到这一点，但他们不去这么做。如果你能够运用沉默式开场，你就能成为一个良好的演讲者，一个颇有威严的人。即使你的膝盖在打战，但你的视线比听众更开阔。他们都坐着，而你已经站了起来，这个事实会让你在"是战是逃"中占据心理优势。你会再次引起全场听众的注意吗？当然。

**暴露式开场**

我们都知道"公共汽车上的疯子"的场景。要不是因为"疯子"上车了，你去往某地的旅程会一切安好。这家伙对着整辆车上的人喊完"你好，大家好"，然后就有意无意地找个人去折磨了（"我这个盒子里有块活石头。大多数人认为石头是没有生命的，但我觉得我刚才看到了这块石头动了。"）。"疯子"的问题在于，只要他离开你，坐在别人旁边，那他对你来讲就无所谓了。如果那样，你和公共汽车上的其他人都可以看这个“疯子”的笑话了。但如果他坐在你旁边大声豪气地和你聊天，你如同噩梦一般的麻烦就开始了。

然而，作为一个迅速成长的良好的演讲者，你可以从疯子身上学到一些东西——他成功地吸引了公共汽车上每个人的注意力。在商业演讲中，使用“疯子”手段的一个有效途径就是离开讲台这个无形的“安全”区域。那些停留在讲台上的演讲者，就像关在笼子里的狮子一样，对听众丝毫不能构成“威胁”。当你走向听众席时，你就好像一头被放出来的狮子。没有人敢迎合你的目光，怕你“刁难他们”。人们开始出现轻微不适的迹象——他们原本计划打个小盹儿，可是现在没办法了，所以就得做点事情了，听一听吧。实际上，你不必挑衅任何人。你似乎进入了他们的舒适区，而且比平时“更接近”，这个简单的事实就足以让整个房间里的肾上腺素激增。

最近，我在斯堪的纳维亚的一个客户会议上遇到一位演讲大师，他就使用了暴露式开场技巧。在演讲开始时，他让所有的听众都远离会议桌。大家没有了舒适的姿势，不得不带着椅子，在演讲者准备好的挂图四周围成一个没有桌子、没有防护的马蹄形。他们再也没有地方躲藏了，他们都专心致志地听了足足两个小时。真是太棒了！离听众更近一点，把整个房间都变成你的讲台，这是一个从一开始就能抓住听众注意力并能一直让听众注意的好方法。顺便说一句，如果你决定使用这种开场方式，那么你要确保语音系统（如果有的话）能支持你的“移动”。

### 挑衅式开场

向听众展示他们意想不到的东西是另一个吸引注意力的好方法。

“在整个公司，我们为 17 000 名全球员工提供了 100 多个在线学习软件包。两年前，我们花了 100 万美元才把这些软件包调试好。（暂停）……去年，没有任何一个员工使用过任何一个软件包。”对于公司的董事会来说，这是一个令人震惊的开场（几年前我在这家公司工作过）。我们需要增加预算来开展高效的培训，我们需要证明原来的方法考虑欠妥而浪费了很多钱。我们估计董事会还得意于基层运作一切正常，因此需要动摇它的自满情绪。这个办法是否奏效？结合演讲的其他部分——故事、特殊强调和重复，它当然会奏效。

如果选择挑衅式开场方式，那么你要充分了解事实。许多高管对困难都毫不知情，对突发事件也不感兴趣，而这个开场能够引起他们的注意，所以你要保证你所说的确有其事。

## 用笑话开场

使用笑话开场要谨慎。

不是谁都会讲笑话，也不是谁都会觉得笑话有意思。我听到过希特勒在柏林讲的笑话，无一例外地都失败了。有一些笑话在伦敦就很有趣，到了纽约就没劲了，反过来也一样。笑话重在什么时候讲、怎么讲，它的内容反而没那么重要。

20 世纪 80 年代，英国保守党首相撒切尔夫人并不以幽默感而著称。她的秘书在其演讲稿中添加了一个她显然没弄懂的讽刺笑话。吉姆 · 卡拉汉（Jim Callaghan，反对党成员）在一周前的一次演讲中把自己比作摩西（Moses），带着“十诫”降临。撒切尔夫人的秘书写了一个略带讽刺的句子作为回答：“我只能说，那你就继续捧着那些石碑吧。”*然而，演讲当天，撒切尔夫人把这句妙语读成了：“或者我该说‘坚持服药吧’。”她根本没弄懂这个笑话。

如果可以讲笑话，那么务必先把笑话弄明白，然后再去讲。如果有疑问，那就别讲了。

---

* 英文原文 keep taking the tablets 中的 tablets 一词有多个意思，其中的两个意思分别是“石碑”和“药片”。据说，神在西奈山的山顶亲自将“十诫”《摩西十诫》刻在石碑上送给摩西。所以原文 keep taking the tablets 的意思是“那你就继续捧着那些石碑吧”的意思。——译者注

### 在现实生活中，这一切是什么样子

为了更直观地说明问题，我在下面发表了一篇包含我们前文所讨论的所有内容的演讲。这个讲稿是以几年前我在瑞士茵特拉根（Interlaken）召开的一次会议上的讲稿为模板的。那是一个欧洲销售会议，我们必须让销售团队再次活跃起来。他们都在办公室待习惯了，不愿意去街上招揽顾客。你会看到最初的要点是如何设置的，后面还有对听众的分析。

要点：我要让销售人员认识到他们需要在办公室以外多花点时间，因为他们目前的这种不作为会导致公司无法达到销售目标。

听众：350 名英国销售人员和销售经理。他们有点愤世嫉俗，但大多都很机灵。大多数听众都有能力，但缺乏激情。我需要向他们展示我设计的方案能够让他们获得他们想要的东西。他们和大多数人一样，不希望坐吃等死，他们必须寻求出路，因此我需要激励一下他们。

## 演讲稿

**【开场，唤起注意】**

“女士们、先生们，早上好。我想请你们和我一起参加一个简短的观察练习。能告诉我你们能在这个办公室里找到多少人吗？”

**【幻灯片展示拥挤的销售办公室。下台走到听众面前，背过身和他们一起看一会儿屏幕。一般听众会喊“27 个”“30 个”“29 个”“31 个”。】**

关键是办公室里竟然有这么多人。你知道这张照片是什么时候拍的吗？是上星期二上午 11 点。还记得上星期二有什么特殊的事吗？没有？没什么事？是的，你说对了。上星期二是 3 月的一个普通星期二。

**【与听众交谈】**

我知道早春不是一个卖东西的好时机，所以我完全理解为什么这个月销售额下降了。3 月，圣诞节和新年刚刚过去不久，所以我相信你们中的很多人在一年中的这个时候经常会感到有点打不起精神。

**【幻灯片显示雷雨中灰蒙蒙的天空】**

我知道你们的客户也一样。天气还没有好转，而你的办公室和他们的办公室都比较暖和。总是灰蒙蒙的阴天，所以谁会感觉良好呢？复活节吧！复活节是个很好的转机，我们可以大施拳脚。4 月中旬来了，我们已经准备好了。但是，我们可能又会因随之而来的复活节假期而有所拖延。

**【幻灯片显示明亮的蓝天，城市上空阳光灿烂】**

然后突然就到了 5 月和初夏。我们都知道在 5 月和客户见面总是收效甚微，因为客户都在忙于自己在前 4 个月招揽的业务。尽管如此，他们仍在安排 6 月和 7 月初的预约事项。因此，5 月是为夏季战役做好准备的最佳月份。而且，你也知道这是怎么回事。

**【幻灯片显示炙热的天气、冰激凌、日光浴】**

不管哪个季节都能找到不错的理由在销售上不作为。

**【幻灯片显示秋天景象】**

我们终于发现已经到了 10 月底的圣诞季前夕，一旦年底的庆祝活动慢慢退出，我们又回到了原点。

**【幻灯片再次显示雷雨中灰蒙蒙的天空】**

……无精打采的感觉又回来了。

我同意，我们还是得出去见客户，根本没有什么卖东西的最佳时机。待在家里更舒服，所以每次我们约见客户，客户总是会说“暂时不见”“需要再考虑考虑”“过几个星期再说吧”“有需要我们会联系你的”……

**【在另一张幻灯片上写着“不见”的各种理由（“暂时不见”“需要再考虑考虑”等）。最后，“不见”一词出现在屏幕上五六次】**

所有的这些“不见”成了我们待在办公室里的绝佳理由。但是“待在办公室里”总会有一个问题，不是吗？谁来告诉我？对，客户。

**【再次显示第一张幻灯片，这次的幻灯片中出现了很多箭头，箭头指向图片中的20名销售人员，每个箭头前标着“销售主管”】**

很显然，办公室里没有客户！
这让我们进退两难——客户总是说“不”，所以我们不想见他们，但是如果不出去见他们，我们就没有生意可做了。

**【故事即将来临】**

最近在芝加哥，我与一位美国销售小姐讨论过这个普遍的销售问题，我对她再次表达了同样的观点。和我对你们说的一样，我说：“办公室里没有顾客。”她回答说：“这话绝对没错，就像在公寓里找不着男朋友一样！”我觉得她的这个比喻太贴切了。这让我想起了20多岁的时候，我们这些在荷尔蒙支配下的男孩子拼命想找个愿意和我们一起睡觉的女孩（所有的男孩都是一样的，女士们，我们就是这个样子的）。基本上，我们没有人有勇气冒险——敢向有可能会和我们一起放荡不羁的女孩子提这个要求。没人敢，除了我们这伙人中的一个。他的名字叫哈里，是个送奶工。他长得也不是特别好看，实际上还有点矮，而且一点也不聪明。但是哈里有一个策略。这个策略很简单，但是对我们这些他的粉丝来说，这个策略非常危险。和他约会过的每一个女孩，哈里都会问她愿不愿意和他睡觉。由于他的策略一点也不浪漫，哈里遭受到越来越多的拒绝、关系破裂，还被打耳光。我们都嘲笑哈里，但有一件事让哈里大放异彩。比起这伙人中任何其他小伙子，哈里更成功，干过更多的荒唐事。哈里知道必须用足够的“不”才能换来一个有价值的“行”，没有“不”，就不会有“行”。

因此，根据哈里的战略，下面是给各位提供的新销售策略。

**【黑色底纹的幻灯片上随机分布着大约10个白色大大的“不”字】**

外出拜访客户的时候，我们要多忍一忍“不”的情形。

**【显示和刚才相同的幻灯片，中心加了一个小小的亮红色的“行”】**

最终，我们会从众多的拜访对象中得到一些“行”。所以，从现在开始，我们都要走出去，寻找更多的“不”，因为我们听到的“不”越多，我们就越有可能找到“行”。

**【黑色底纹的幻灯片上写满了大约100个白色的“不”字，这些“不”字之间随机显示了大约10个红色的“行”】**

从现在开始，在你拜访完客户时，你的销售经理不会再问：“谈成了吗？”从现在开始，你要瞄准你收获了多少个“不”。我们新的每日目标是：团队中的每个人要获得5个“不”。想得到这些“不”，你就必须去拜访更多的潜在客户。要实现这个目标并不容易，你必须努力去争取一个明确的“不”，因为这个国家的大多数客户都太礼貌了！

**【展示一张面带微笑、和蔼可亲的人像】**

他们不会告诉你“不”，他们会告诉你他们正在“思考”“如果需要会联系你”，他们会告诉你他们将“在几个星期内联系你”。这些都是文明人说“不”的方式。

从现在开始，你需要真正的“不”，因为所有明确的“不”对你来说都意味着钱。

**【显示带有要点的幻灯片】**

- 明确的“不”＝5美元
- 进展＝0美元
- 礼节性的“不”＝0美元
- 每一个“行”＝正常的佣金

你每交给公司一份最终的明确的“不”档案，公司就会发给你5美元。从现在起，在每次销售拜访中，你不仅要努力达成“行”，还要获得肯定的“不”或者“进展”。进展意味着你会和潜在的新客户在商定的日期明确下一步的行动。进展本身什么都不是，除非最终达成交易。

**【注意不断重复的“不”】**

你可能认为在做梦，但是“不”就是我们想让你做的。必须是明确的“不”，不可以是模棱两可的“不”。

从现在开始，在这家公司，我们就希望要“不”。一旦我们听不到足够多的“不”，我们就会发出疑问。我们现在明白了，没有“不”，就不会有“行”。

不幸的是，唯一能找到5个“不”的地方就在客户身边。

**【幻灯片再次展示销售办公室】**

下次，我们再去销售办公室里看看——无论是春天、夏天、秋天还是冬天，那里都是空荡荡的。因为：

如果一天没有更多的“不”，你就无法与现有的客户成功交往。

如果一天没有更多的“不”，你就没有新客户。

如果一天没有更多的“不”，你的银行存款就会受到影响。

如果每一天都有足够多的“不”，那么你在这家公司将会前途无量。

**【幻灯片显示空办公室，上面加上“去找‘不’”】**

去找“不”！

**【注意最后的呼吁】**

出于娱乐，我在莎士比亚的作品里测试了一下我们目前讨论的这些模式。我发现马克·安东尼（Mark Antony）的著名演讲似乎相当适合这个模式。也许这本书就该由巴德（Bard）* 来写。

---

* Bard 的意思是“诗人”。莎士比亚成名后，人们曾称其为“那位埃文河畔的诗人”（The Bard of Avon）。后来，人们干脆用“巴德”来指代莎士比亚。——译者注

各位朋友，各位罗马人，各位同胞，请听我说：

我是来埋葬恺撒，不是来赞美他的。人们做了恶事，死后免不了遭人唾骂，可他们所做的善事，往往随着他们的尸骨一齐入土埋葬。让恺撒也这样吧！尊贵的布鲁图（Brutus，古罗马的政治家和将军，曾图谋暗杀恺撒）已经对你们说过，恺撒很有野心；如果确有其事，那诚然是一个重大的过失，恺撒也为此付出了惨痛的代价。现在我得到布鲁图和他的同事的允许——因为布鲁图是正人君子，他的同事也都是正人君子——到这儿来在恺撒的丧礼上说几句话。恺撒是我的朋友，待我坦诚公正；然而布鲁图却说他有野心，而布鲁图是一个正人君子。恺撒曾经带着许多俘虏回到罗马，他们的赎金都充实了公家的财库。这是野心者的行径吗？在穷苦的人哀哭的时候，恺撒曾经为他们流泪；野心者不都应该是铁石心肠吗？但是布鲁图却说恺撒有野心，而布鲁图是一个正人君子。你们大家看见在牧神节［又称卢柏克节，罗马纪念畜牧守护神卢柏克（Lupercal）的节日］的那天，我三次献给他王冠，他三次拒绝。这难道是野心吗？然而布鲁图却说他有野心，而布鲁图的的确确是一个正人君子。我不是要推翻布鲁图所说的话，我只想说说我自己所知道的事实。你们过去都曾爱过他，也并不是没有理由的。那么，现在有什么理由阻止你们去哀悼他呢？唉，理性啊！理性已经遁入野兽的心中，人们已经失去辨别是非的能力了。原谅我，我的心现在跟恺撒一起在他的棺木之内，我必须停顿片刻，等它回到我自己的胸腔里。

**听众“思考”**

**震撼开场**

开场不错，挺有冲击力。这一点，我们听众表示赞同。

太对了！但听起来有点不寻常……那你为什么在这里？

**特殊强调**

是的，我们知道布鲁图很尊贵，他也是亲自这样告诉我们的。

**他在谈论我们**

是，你说得对，恺撒一直是我们的忠实朋友……这恰恰是我们弄不明白的地方：他都死了，你们为什么还要这么批评他？

**小故事提醒了我们**

非常不寻常，究竟恺撒有什么野心？所以，也许布鲁图对“野心”这件事有点误会，但其他事情都是对的。

好吧，是的，我们都看到了恺撒的铁骨柔情。到目前为止，总结一下：恺撒除了是个好朋友，还有心存柔情之外，他也可以有雄心壮志，不是吗？

**不断重复**

哦，是的，我也忘了还有那件王冠的事——不止一次。他太谦虚了，不愿接受。“友善”“柔情”“谦虚”……听起来不像是个野心勃勃的暴徒。

他第三次把布鲁图称为“正人君子”，不知道布鲁图是否真的是一位“正人君子”？

**呼吁行动**

他似乎要我们重新考虑一下。是的，要真的是这样的话，我感觉“剧情”会逆转。

第四章

# 哑剧式的语言

交流不仅靠说和写，还要举例子和使用肢体语言。

**——约翰·哈维·琼斯（John Harvey Jones），英国帝国化工集团主席**

读了这么多，你可能会说，这些专业的演讲材料还是留给那些专业的演讲者吧，我还是按照公司的“执行方案”弄吧。如果你这么认为的话，你就大错特错了。

如今全世界最成功的商界人士同样是最优秀的演讲者。每晚在电视荧屏上，在新闻、时事、体育解说节目中，观众会看到真正专业的演讲者。也有一些商界翘楚在电视里上演他们的致命绝杀商业秀。请记住，你没必要把演讲做到极致，能做到良好就足够了，因为大多数商业演讲者都做得太糟糕了。

那我们要从专业的演讲者那里学些什么，才能让我们像他们一样精彩地做演讲呢？

肢体语言是颤抖的演讲小白们可控行为中最有诱惑性的。不要只从听众的角度来考虑自己的姿态，因为“表现得自信”会带来自信的感觉，会带来丰厚的回报。

在《偷心大少》（*Dirty Rotten Scoundrels*）这部电影里，法国南部一个大名鼎鼎的骗子［迈克尔·凯恩（Michael Caine）饰］同意培训另一个骗子［史蒂夫·马丁（Steve Martin）饰］，教他扮得温文尔雅、精明练达、出身豪门、绅士风度。这位大名鼎鼎的骗子所传授的举手投足的肢体语言，恰好就是我们演讲需要的核心内容。

- 任何举止都要稳妥周全。
- 行为不因仓促而略显拙态，权势在身的人无须匆匆忙忙。
- 目光长远。
- 面带笑容。
- 无论何种装束，都要完美呈现。

所以，下次再去演讲时，你可以试试以下步骤。

- 确保衣着整洁利落，不要有褶皱、不要有污渍。如果别人穿西装戴领带，那么你也穿西装戴领带。如果别人穿运动衫、牛仔装，那么你也可以啊。如果你不知道别人会穿什么，那什么都别想，穿西装戴领带就可以了。你随时可以减装，穿得更随意一点，但是匆忙之下，你想穿得更正式些，可不太容易。要确保衣服、鞋子还有你自己，都能完美地呈现在听众面前。前一晚就把这些东西都准备妥当。
- 轮到你做演讲的时候，别一下子冲到讲台上。如果是一个需要站立的演讲，那么你只需起立，面带微笑，潇洒稳重地走到讲台前方。

- 别像诸多颤抖的演讲小白那样，一点到名字就开始讲话。很多人，尤其是在会议室，刚开始起身，嘴里就开始说："谢谢吉姆……女士们、先生们，早上好……"从现在开始，你就是大人物了。所以，淡定，别着急开口。
- 一旦就位以后，甭管膝盖怎么打战，心脏如何狂跳，都要面带微笑，什么也别说。环顾一下四周，多看看听众，多交流交流眼神。就位后，至少这样保持五秒钟。好了，现在你可以开讲了。

## 在台上时，手不要做这些动作

- 不要去碰嘴和鼻子之间的任何部位，这个动作会发出一个你可能在撒谎的信号。
- 不要双手交叉放在胯部私处，所有的听众都会盯着那看。
- 不要双手交叉放在身后，听众会以为你没长手。
- 男士不要把手放在口袋里，而且尤其要注意的是，别叮叮当当地摆弄兜里的硬币。女性听众真的会注意到，而且还会好奇究竟怎么了。
- 不要抱着膀子，因为这样会与听众之间产生心理屏障。很多女士这样做，是因为她们害怕一些男听众会"研究她们"——

抱着胳膊是为了遮掩，然而这样只会让人更加关注。

- 不要摇摆。有些演讲者前摇后摆的样子就像从精神病院跑出来似的。
- “摇摆”的另一个常见花样是“扭歪”，这通常是一般女性演讲者的缺点——她们的脚死钉在一个地方，上半身来回“扭歪”，就像是幼儿园的小朋友在羞涩地背诗。“扭歪”还经常伴随前戴安娜王妃的姿势——低着头，眼睛不好意思地从刘海下面往上看。
- 在讲台上，不要随意抓痒、挖鼻孔、掏耳朵、调整内裤或者类似的搞怪动作，因为每一位听众看到的都会比你想象的更多。
- 如果能不困在讲台后面，就尽量避免。讲台会挡住你肢体的四分之三，而听众能感受到的你的影响会有一大部分来自你的胳膊、腿、脚等的动作。规避讲台遮挡身体的唯一困难就是，一些会场的音响系统、灯光系统是有线的，所以，在挪动之前，你要检查一下不会受到布线的影响。
- 不要一直玩笔帽或者手里的什么小东西（我就有这个毛病，别人告诉我这样特别烦人。我正努力改掉这个习惯）。

## 如何运用肢体语言

正确地运用肢体语言有很多方式。

- 尽量双臂放松，头抬起来，手掌打开。这样你就会展现出一个“开朗外向”的形象，给人一种掌控自如的感觉。
- 胳膊和手放在身体两侧，稍高于腰部，或者与腰部平齐。你可能会有些不适，但是听众会感觉比较舒服。
- 要是你觉得需要做个什么姿势，那就大大方方地做，不要弄得手足无措的样子。舒展地扬起手臂，坚持三五秒钟，这气场就非常强大了。
- 确保听众能经常看见你的手掌。出于某种莫名的原因，人们要是能看见你的手掌，就会对你感到亲切。
- 如果你要做手势指向幻灯片或者其他什么东西，要确保先做手势，再说话。不是“那么，在这张幻灯片上可以看到”（然后指向幻灯片），而是（指向幻灯片）“下一张幻灯片大家可以看到……”。从听众的角度来看，前面的例子看起来就很愚笨。
- 确实需要指向幻灯片或者其他在你身后的什么物件（比如白板或者挂图），停止讲话，转头看一下，确定你指向哪里，做出手势，然后转过来再次面向听众，手和胳膊的姿势保持不变。这个意思就是，只有面对听众的时候，你才可以讲话。如果你扭过头去读幻灯片上的内容，后背对着听众（就像好多颤抖的演讲小白和普通演讲者那样），瞬间你就停止了和听众的交流。

- 不要抱着讲台不放。实际上，如果场地允许，你要尽量站在讲台前面。
- 你可以在演讲区来回走动，但是一个地方要尽量待上 30~60 秒，然后再走向别处。如果你总是前前后后地走来走去，那么看上去你就像是一头笼子里的狮子。
- 如果可以，在地板上用胶带纸标记出哪些地方不会被投影仪的光束照到。你的演讲区要尽量不超出这个标记的区域。试想一下，如果演讲者脸上映着一片蓝色的大西洋还有一块加拿大的北部土地，那么没有什么比这个更贬损演讲者的可信度了。
- 经常微笑，注视听众。如果房间非常大，座无虚席，那你就要时不时地用眼睛顺着“M”形的轨迹去关照所有听众。出于某种莫名的原因，这一时刻，每一位听众都会以为你在注视着他。
- 请记住，尽管你的膝盖在打战，内心充满是战是逃的焦虑，有一个事实总对你有利。这个事实就是，你的视线比听众更开阔，所以自然就拥有了心理优势。在你的潜意识中，听众变渺小了，而你却越发伟岸。

- 多多微笑。不管舞台上发生了什么（挂图架塌了，幻灯机起火了，道具失灵了，讲稿掉地上了，讲台倒了，忘了讲到哪了），你都要保持微笑。不要表露出你已然心死以及想找个地洞钻进去的任何迹象。微笑吧，看起来从容自如；微笑吧，继续保持微笑。最大的过失就是让自己出丑，也把听众搞得很尴尬。他们会幸灾乐祸，幸亏是你在台上，而不是他们。所以，高兴点，保持微笑。有道理吧？

## 坐直，专注点！

说到听众，如果你有“权”决定如何将听众安置在你面前，那么选择下列布局中的一个可以让你取得满意的效果。如果布局不妥，那么良好的甚至是精彩的演讲也会搞砸。布局是否妥当取决于听众对演讲者是不是很陌生，抑或演讲者是不是离听众太近而让他们感觉到不自在。你可能认为听众都不是外人（懒惰且一无是处的家伙们），但是他们未必会愿意你“侵犯他们的空间”。

如果是在餐后演讲，那么你没法和桌上相对陌生的人离得太远。所以，在你演讲之前，友好欢快的前奏很可能已经打破了某些障碍，而“侵犯空间”就会变得相对容易。

比起较多听众，相对较少的听众更值得关注。因为此时的演讲更像是交谈，而不是演说。在这种情况下，如果可以的话，要确保把此次演讲当成一系列的个人交流。要频繁地和在场的每个人进行眼神交流，一次几秒钟。这可不是什么盯人大赛，所以时间最多不要超过五秒。因为这更是一次“亲近的交流”，所以别着急，让节奏慢下来，让听众能够听明白你在说什么。

## 餐厅式座次布局

如果一桌有 4~7 位听众，餐厅式座次布局（见图 4–1）是非常不错的布局。比起剧场那种一排排密密麻麻的布局，这种布局的气氛更放松。但这种布局也会有一点点风险：不同桌之间可能会发生争执，因为演讲者的观点，有的桌支持，有的桌不支持；桌上某个个性太强的人可能会搅扰到其他人，引起麻烦。所以，要尽量制订一个周全的座次方案来调和每一桌听众的性格。

## 马蹄形座次布局

马蹄形座次布局通常适用于 30~40 位听众的演讲。图 4–2 中只有 13 名听众，但即便有再多的听众，你都可以“横向”布局听众座次，不管是两排还是三排（见图 4–3）。

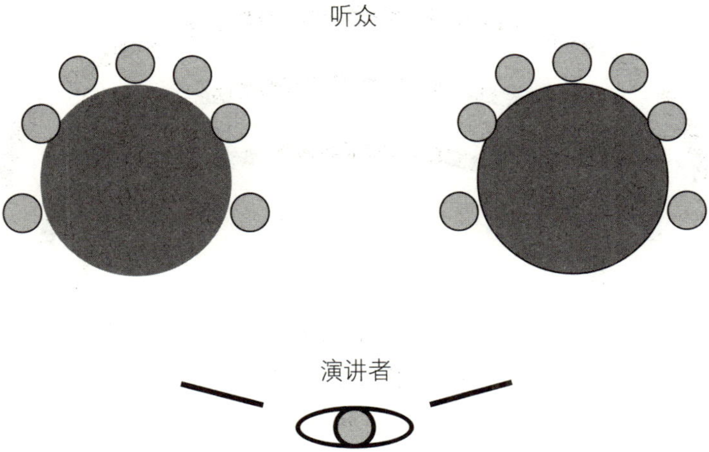


图 4-1　餐厅式座次布局

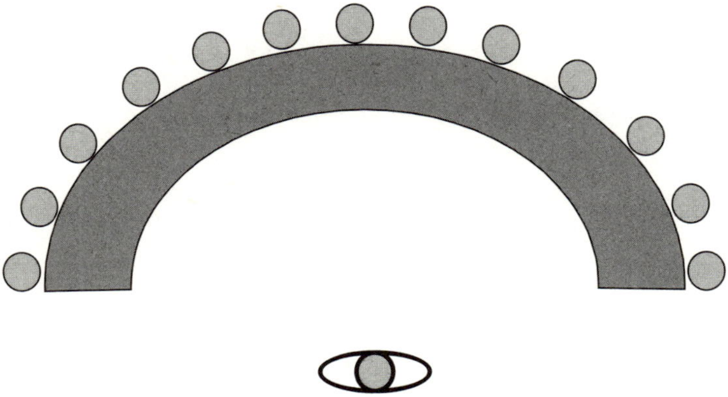

图 4-2　马蹄形座次布局（一排）

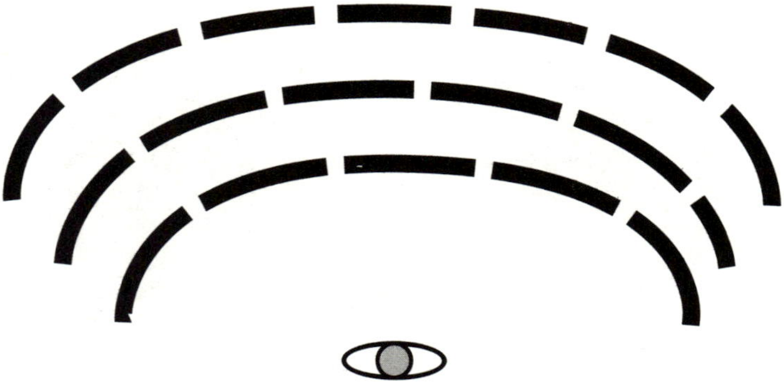

图 4-3　马蹄形座次布局（三排）

第五章

# 我是个大主管，不是“演员”……很不幸，你错了

人们从你的行为和声音中而不是你使用的任何词语中，感受到你的权威和力量。

**——玛丽·坦佩斯特（Marie Tempest），20世纪早期的英国资深女演员**

几年前，演员理查德·伯顿（Richard Burton）读着伦敦电话簿上的名字吸引了伦敦剧院的无数观众。他所做的一切只是读出电话簿上的名字。但是，他读名字的方式（或悲怆，或眼含热泪，或无聊之至，或热情洋溢，或幽默风趣，或留有长时间的戏剧性的停顿，等等）让他牢牢地掌控了所有的观众。

最近，在一次慈善晚会上，英国变脸喜剧演员罗万·阿特金森（Rowan Atkinson）发表了一篇类似的演讲。他扮演校长，朗读了一份男生名单。和理查德·伯顿读电话簿一样，这个演讲也非常滑稽可笑。他读的就是正常的姓名。但是，这位略显疲惫的校长时而慵懒、时而讽刺、时而愤愤不平、时而威风凛凛的讲话，产生了同样的效果。重点不在于他讲话的内容，而在于他讲话的方式。

英国广播公司最近推出了一档调查类节目，该节目调查了语言表达方式是如何影响听众对讲话内容的看法的。该节目采用的讲话内容是第二次世界大战时期英国首相温斯顿·丘吉尔的一些令人难忘的演讲。许多人都没有意识到，当时议会大厦还没有录音设备或者广播，所以所谓的一些丘吉尔下议院的讲话录音实际上是演员诺曼·雪莱（Norman Shelley）的声音。

在分析这些著名的演讲时，最有趣的一个事情是，这些演讲（“热血、辛劳、汗水和眼泪……”或“我们将战斗到底……”）是谁录制的并不重要，重要的是演讲的方式（演讲的速度、演讲的音调、停顿的运用）改变了听众的整个感知。如果由一个音调较高的人用相对较快的速度来演讲，那么与大多数人更习惯的版本一样，这个演讲就不会那么让人难忘，也不会让人产生太大的共鸣。

加州大学洛杉矶分校的研究揭示了一个有趣的事实，当我们只能听到声音而看不到讲话人时，这个人 80% 以上的说服力是由声音的变化程度和热情承载的。当我们既能听到声音，也能看到人的时候，语气的说服力占 38%，仅次于占 55% 的肢体语言，但仍远高于只占 7% 的内容本身。

心理学家还发现，我们所有人的大脑在潜意识层面都是硬连接的，所以识别出的可能是别人的“虚假”信息。这种机制与讲话内容无关，却与讲话方式有关。听众从演讲者的肢体语言和语调中获得一些潜意识的信息，然后他们会依据这些信息来判定讲话者是否可信、诚实和热情。

听众中的女性对这些无意识的交流手段比男性敏感十倍，这些交流手段能让她们准确、迅速地“读懂字里行间”的信息。所以，每当演讲者站起来演讲时，不管演讲者喜不喜欢，在开始的五秒内都会有很多人对他做出判定。

不管是哪种类型的演讲，在演讲之前做一些排练和演习都非常重要。而由于“语气”对于演讲的成功至关重要，所以在排列时要征求一下这方面的关键反馈。如果可以的话，那么你可以听一听 20 世纪 80 年代撒切尔夫人在成为英国首相前几年那些音调较高、正常节奏的讲话录音。然后，把这些录音与她后来采用的更深沉、更缓慢、更权威、更有力的音调比较一下。一定是知情者给了她一些反馈和训练。

我的一位老上司头脑很聪明，但是他的演讲听起来总是很枯燥乏味，让人很痛苦，所以他总是给人完全错误的印象。我有一个客户在一次会议上听过他的演讲，后来这位客户问我：“你的老板真的有那么聪明吗？”

这位老板在董事会的另一名同事几乎和这位老板一样聪明（我只为最聪明的人工作）。这名同事有个习惯，每隔一段时间就“呃”一次。结果是，在他做完任何演讲之后，同事和客户都会（背着他，无情地）聚集在咖啡厅里一起数他们听到了多少个“呃”。为了玩这个有趣的游戏，大家根本不会去关注演讲的内容。而且，他演讲时看不出有任何激情，不管是在什么场合。在迈阿密的一个非常著名的场合——一场激励人心的销售会议上，他翻开备好的讲稿，就开始了单调乏味的主旨演讲：“……我们是赢家吗……我们肯定是……”

估计讲稿上没有问号，也没有感叹号，因为他的讲话不带有任何感情色彩。他不知道他自己讲得有多么糟糕。

没有人能听懂自己的声音，除非我们把它录下来。我们中的大多数人都会讨厌听到自己的声音——不是内在的那种声音，而是外在的一般都“不那么优雅”的、在生冷的空间里传播的那种声音。

但如果你敢对作为颤抖小白的自己冷酷一点，并录下你演讲或者排练的声音甚至“影像”，你就会（像撒切尔夫人那样）发现你不喜欢的东西，然后想办法加以改善。

练习一些简单的技巧，可以改变你的语气，这样一来，无论何时你站起来讲话，都会改变别人对你的看法。如果你愿意这样做，那么你会收获意想不到的效果——你会发现自己的讲话更清晰、更权威、更有力。

不断练习、反馈、实践，这就是第二次世界大战期间两个截然相反的阵营中的两名演说家反复做的事。温斯顿·丘吉尔和阿道夫·希特勒每次发表演讲时，都会花好长时间录音、聆听、调整、再录音。奇迹并不是无缘无故发生的。

## 瞬间发生重大变化

你的声音会反映你的精神状态和身体状态。唯一比热情更具感染力的就是缺乏热情。如果你在精神上和身体上都感觉良好，那么你说话听起来就很“兴奋”。反之，如果某一天你过得很糟糕，稍不小心你就会表现出抑郁、痛苦，以及那种“世界末日要到了”的感觉。如果你的家人大多都很悲观，而你的性格就是在这种氛围中形成的，那么你成年后的讲话语气可能会越发缺乏热情。

构成嗓音的要素包括语调、节奏、在胸腔的发音位置以及你的方言。改变其中任何一个元素，你都会发现你的声音听起来发生了巨大的变化。其中，改变语调是反映你的热情、让听众对你产生积极情绪的关键。

## 让自己听起来温暖而又平易近人的方法

如果你不能表现出热情、平易近人的一面，你就不会成为一个有说服力的演讲者和“思想卖家”。无论演讲当天你过得如何，你都要让自己一听就像是一个饱含热情的人。一旦你的演讲大幕开启，你就必须给听众一个精彩的表现。要想在瞬间改变你的声音，你可以采用如下方法。

## 修　辞

琢磨一个词，在头脑中把这个词和与你想要表现的声音联系在一起。大声重复四次，要保证你在说这个词的时候带着真情实感。这个词是什么并不重要，但它对你来说一定有某种意义。比如，当我用“友谊”这个词来表现温暖又平易近人的声音时，我会缓慢而深沉地去重复这个词。如果你按照上述方法练习，那么这个词会反映出你内心的感觉，你会发现你的声音开始变得柔和。

## 可视化

在你的脑海里，专心想一个画面，这个画面会让关键词更加清晰。“友谊”这个词让人联想到什么？我看到的是一群微笑的密友，我们已经相识 30 年之久。你可能会想到一个完全不同的词和完全不同的画面。这个词可能是“温柔”，那么在这种情况下，你可能会想到怀抱婴儿的画面。

## 姿　势

现在，找一个和你想要表现的声音相匹配的姿势，要么站着，要么坐下。一个温暖又平易近人的姿势应该是非常放松的。为了放松，仔细想想你头脑中的那幅画面——绷紧身体的每一块肌肉，深呼吸，然后屏住呼吸五秒钟，接着，呼气十秒以上，放松所有的肌肉。

### 面部表情

嘴的大小、形状以及面部表情也会影响你的声音。一种最简单的让人感觉和蔼可亲的方法就是脸上带着大大的微笑。实习销售员最开始学到的事情之一就是，即使看不见，也可以“听到”一个人脸上的微笑。微笑时，你的声音让人听起来更温暖。这对于那些看到杯子里永远都只是半满的人（暗指悲观主义者）来说，并非易事。因此，你可能就要在镜子前练习，甚至可以在桌子上放一面镜子，来保证你每一天都能看到自己快乐的一面。上周末，我的一个朋友告诉我，自从我把这个小妙招传授给他以后，他在各种场合都极力保持微笑，即便在不想这样做的时候，也仍然坚持。虽然他非常不情愿这样做，但是在他自己身上、在他的家里、和他的同事之间确实产生了非常显著的效果。

## 让自己听起来像个强大的商业领袖的方法

如果你想让听众认真听，并让他们觉得你说的话是认真的，那么你需要用一种强大而权威的语气来讲话。

要想让你自己听起来更具权威，你可以执行如下操作。

### 修　辞

我用来表现权力和威信的词汇是“坚定”。现在大声重复这个词四次，要注意赋予感：坚定、坚定、坚定、坚定。

## 可视化

重复“坚定”这个词时，找到一个你认为代表权力和威信的形象。我总是会想起温斯顿·丘吉尔：我在考虑下一步的行动，战时内阁正密切关注着我，等候我的指令；我感觉自己很强大，完全掌控局面，非常自信。你必须要找到适合你自己的形象——可以是一种动物，比如一头雄狮正在四处游走，巡视着自己的疆土。这个形象，要适合你，也要尽力在头脑中保持清晰。

## 姿　势

一个强大而权威的人物会怎么站立、怎么走动、怎么坐下？他们通常都腰杆笔直、挺胸抬头。在等着听你讲话的听众面前，如何站立？脚在地板上感觉如何？在想象这些姿势的时候，你要把“坚定”一词再重复几次，永久将其牢记在心。

## 面部表情

照一照镜子，眯起眼睛，坚定地盯着自己。微笑，好像你即将面对焦急等待的与会者宣布一个艰难的决定。你是领导，你负责一切，没有什么事情会让你动摇。

## 更多的修辞手法

为了最大限度地发挥作用，请记住，你的演讲不只是把一大堆话倒给听众，然后离开讲台。下面有三个最重要的方法。

- 停顿是所有演讲技巧中最有戏剧性的，丘吉尔就喜欢停顿。如果你刚刚讲完很重要的话，停顿一下，那么这会很有好处。在心里默数三四个数，看看周围的听众，然后继续演讲。
- 在大家认为你可能会提高嗓音的地方降低嗓音来强调某个重点。比如：（正常的声音）“这种可怕的事态我们还要再忍一年吗？（停顿，放低嗓音）不，我们不会！……（停顿）不，我们不会！”其效果是，因为讲话人的声音突然降低了，所以听众必须集中注意力去倾听。因为听众有意识地格外用心去听，所以这段话会产生更大的影响。一旦效果达到，演讲者就可以恢复正常的音量了。
- 缓慢、深沉会显得更加强大（前文已经提及）。权势在身的人无须匆忙，他们已经习惯于别人的顺服。有一个简单的方法可以瞬间让你变得缓慢和深沉，那就是在说话的时候把一只脚用力踩在地板上。你会发现，你的声音会立刻变得和缓、稳重了。

第六章

# 啊，是的……后面的各位可能看不见

PowerPoint* 演示经常像校园剧一样，非常嘈杂，非常缓慢，非常简单。

**——爱德华·塔夫特（Edward Tufte），耶鲁大学名誉教授**

* PowerPoint 是微软公司推出的一款演示文稿软件。——编者注

大多数糟糕的、一般的商业演讲者都使用 PowerPoint 来准备演示文稿。PowerPoint 本身没有什么问题，我甚至会说 PowerPoint 非常棒！ PowerPoint 是一款强大、简单、廉价、高效、灵活的幻灯片准备工具。

问题是，90% 的商业演讲者都不知道如何使用 PowerPoint。

下面这些是我们常见的毫无意义的幻灯片风格。

## 满满要点的幻灯片

**新战略**

- 每个人都必须为了实现共同的目标而努力。
- 总经理和董事会都支持我们。
- 发展是计划成功的关键。

- 销售人员有一个极好的新的佣金计划。
- 客服组配备了新的电脑。
- 这个项目需要我们所有人全天候、随时待命的承诺。
- 最新数据令人鼓舞，但我们必须做得更多。
- 我们在巴黎、纽约和首尔的合作伙伴支持我们。
- 这是我们十年来最大的变化。
- 让我们打开地狱之门吧！

95% 的颤抖演讲小白都是通过要点的设置让幻灯片有了一点点花样。这是通过将一系列要点从上到下或从左到右用幻灯片来播放的。当这些幻灯片投影在屏幕上时，背景通常非常暗，而且由于文本大多是深色的字体（在有背光的笔记本电脑屏幕上看起来很棒），因此第五排后面的听众根本看不清。

## 高管语录型幻灯片

**董事会主席的演讲**

……因此，鉴于目前的发展情况，我想立刻说，我从不轻视现状。事实上，我甚至会进一步直截了当地说，我确信，各位已经知道的事情恰好是现今状况的确切的翔实的反映。所以，如果大家对我说的任何一部分存有质疑，那么我已经准备好面对质疑了！因为如果我要向各位传达一种虚假的乐观精神，那么对你们所有人都不公平，对我自己也不够坦诚。
但是，你可以问我，我们是否还有一个值得期待的未来？面对在座的各位，我会用“我们当然会有”来回答这个问题。我希望各位都能成为未来的一分子。

——董事会主席

对于这种普通的文本幻灯片，演讲者通常都会转过去（背对听众）面向幻灯片，然后一个字一个字地读。他一点也不知道听众阅读的速度比他读出来的速度快一倍。听众都看完了，他还没有读完，所以听众一般都昏昏欲睡，等待演讲者跟上来。

我必须着重说明一下：**不是你的幻灯片在演讲，而是你在演讲**！

如果你认为幻灯片是“可以依赖的要点”，想要依靠它来提示、推进你的演讲，那么你注定要承受内心的恐惧和听众的不太友善的笑声。

如果你必须使用要点幻灯片，请遵守以下基本规则：

- 一页幻灯片最多 30 字。
- 文字要精简，再精简。

- 在暗色的背景下使用亮色的文字。
- 事先确保在后排的听众也能看清。
- 不要使用太多（或任何）过渡技巧。

我曾经参加过一次演讲，演讲者用的是35毫米幻灯片（玻片演示），这种幻灯片必须由专业公司制作。演讲者在演讲期间，使用了一系列出色的幻灯片，但他在开始时却误按了遥控器上的“后退”按钮，而不是“前进”按钮。

这个人很擅长演讲，他的演讲内容很丰富，但是在演讲过程中他没有回头看屏幕，所以他不知道发生了什么事。结果是，他的演讲一直向前进行，而幻灯片却一直在向后播放。然而听众并没有注意到，一点都没觉察到。因为听众关注的焦点一直都在演讲者身上。听众中的一些人可能会认为，看起来“另类”的幻灯片是强调重点的奇怪方式。这些幻灯片当然符合“特殊强调”的范畴，而且没有人意识到有什么不对的地方。听众都说这次演讲很棒。

但是，对于很一般的蹩脚演讲者（或颤抖演讲小白）来讲，他们在演讲之前所能做的最充分的准备就是做完一组要点幻灯片。

幻灯片和其他视觉辅助工具的真正作用是支持和加强演讲人的观点。演讲的视觉方面很重要，但视觉方面主要关乎演讲者使用的图片、肢体语言和面部表情，而不是要点幻灯片。适当的视觉辅助工具和伪装成视觉辅助工具的垃圾幻灯片完全不同。

为了避免你认为我之所以这么说是因为我反对使用幻灯片，我要告诉你，在设计和编辑演示文稿时，我完全赞成使用图片幻灯片。原因有以下几点：

- 宾夕法尼亚州沃顿研究中心（Wharton Research Center）的研究显示，用图片来加强演讲者的观点对听众记忆有很大的影响。好的幻灯片，特别是不寻常的图片，会让你的演讲真正难忘。那个曾经写出“一幅好图胜过千言万语”的人一定非常清楚自己在说什么。
- 使用图片更能让听众记住你的演讲内容。
- 如果你想实现你的目标，让听众理解你的要点，那么图片确实会起到非常重要的作用。

## 做好准备

最平常的一个星期一的早晨，在世界各地的会议室里，人们最常见到的就是焦急的销售部门演讲者，他正准备向一位潜在客户的采购委员会做一场重要的演讲。会议本应该在 5 分钟前就开始了，但是客户的数码投影仪连接不上演讲者的笔记本电脑，而幻灯片存在电脑里。办公大楼里最高级的“技师”围在桌子边，尝试着连接各种各样的插头。最后，他们才发现投影机的灯泡坏掉了。采购委员会现在就在门外等着开会，但投影仪却无法工作，又没有其他可用的房间。那么下一步的计划是什么？在绝大多数情况下，没有任何计划。没有幻灯片，就做不了演讲。

即使数码投影仪（或者如果你仍然使用较旧的技术——高射投影仪）出现故障，你也应该时刻准备好演讲。简而言之，即使你被迫用翻转图和记号笔做演讲，甚至在餐厅用圆珠笔和餐巾纸做报告，你的演讲也应该同样精彩。

你演讲的方式比世界上任何技术都重要。而数据投影仪技术仍然具有极大的不确定性，可以让任何没有准备的演讲者在瞬间变成颤抖的演讲小白。

20 世纪 90 年代末，我在波多黎各看了一场以幻灯片为中心的演讲，那场演讲犯了我见到过的最大的一个错误。大型销售会议主办方举办了一场庆祝晚宴，并邀请了一位享誉全球的电子商务专家来做餐后演讲。他的演讲要使用幻灯片，巨型宴会的场地中央已经准备好了大型投影仪。正餐持续了 90 分钟左右，然后是喝咖啡的时间。房间里越来越暖和，350 位听众期待着国际专家的演讲。喝咖啡的时候，人们发现，很明显是出了什么问题——技术人员聚集在大型的地面投影仪周围——这个投影仪无法正常工作了。在接下来的 20 分钟里，越来越多的“技术人员”来到这里，抓耳挠腮，但终于找到了答案——吃饱了饭的 350 人让房间温度上升，再加上加勒比海的微风，使投影仪中的“过热保护”自动关闭。没有什么办法能将它再次打开。一旦“过热保护”关闭，就需要60分钟才能重起。没有了幻灯片放映，演讲者不知所措，因为他没有“B计划”。主办方又不能让用餐者再逗留一个小时，所以最终取消了演讲，大家非常失望。奇怪的是，没有人抱怨技术问题，他们都在指责演讲者。他们都说：“他本应该做好各种准备。”

这似乎有点不公平，但事实就是如此。

我最近把上述事件讲给一家石油公司的首席执行官听。他听了之后就开始点头。“确实如此，”他说，“每当我用我的‘2号方案’给潜在客户做展示时，我都会发现，当我们从正式的幻灯片模式中走出来，并开始使用翻转图时，整个事情就变得柳暗花明了。”

PowerPoint有很多用途，但是大多数用户都固执地坚持用它去做并不适合的事情：要点和文本。然而，还有六种方式也会破坏你的演讲，这就构成了**视觉辅助七宗罪**。

## 要点和文本

前面已经讨论过。

## 糟糕透顶的照片

在数码相机如此廉价的时代，你不要再使用来自网上的照片了。买一台或者借一台数码相机（数码相机现在真的没那么贵了），拍下你想要的照片，确保这些照片让你的故事更加生动。把照片下载到“我的图片”文件夹中，并将它插入幻灯片中。如果你非要使用网上的照片（有很多是免费的），那么要保证照片不要太呆板，并且能帮助你阐明你想表达的观点。

## 剪贴画

剪贴画很不错，只要你知道如何使用。但是，只插入一幅“握手”或“爬山人”的图片，并不能提升你的演讲效果。

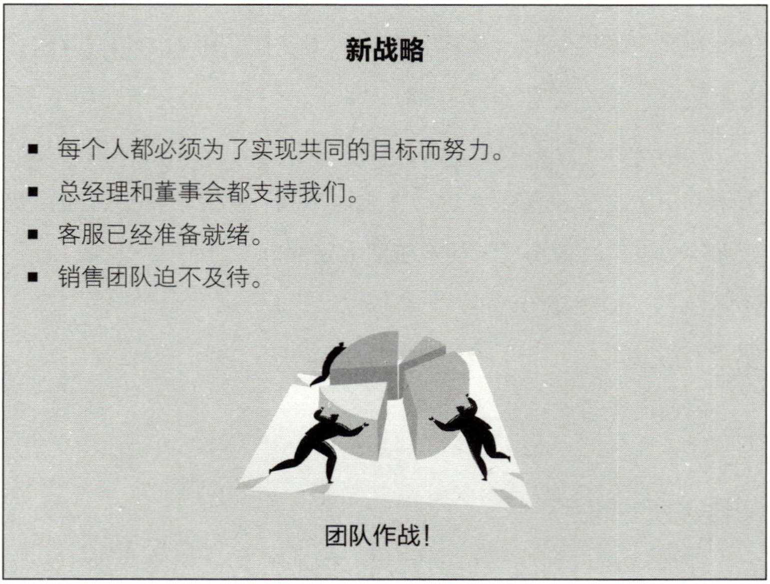

用数码相机拍一张照片怎么样？让总经理、董事会成员、客服人员和销售代表都来参加一次拔河比赛，而把绳子的另一端留给听众。听众只要会心一笑，就会记住你的演讲内容。这也许并不是最终的解决方案，但是至少更有创造力。

## 蹩脚的图片

谨慎从互联网上复制、粘贴图片。"盗用"的图片的质量通常都很糟糕——图片的作者故意为之，因为他们不希望自己的图片被盗用，特别是一些缩略图。如果把这些缩略图放大成全尺寸，那么它们简直无用至极。

## 注意版权问题

除了上述三点，我们还要注意，图像可能是有版权的。如果你使用了这些拥有版权的图像，那么可能会被起诉。如果是公开演讲，你知道听众席中会有谁？你会惊讶地发现，如果咨询一下网站所有者，那么你便会知悉下载并使用这些图片是不需要多少成本的。他们会发送给你一个让你自豪的高质量的图像。一个网站（www.cartoonbank.com）收集了《纽约客》（*New Yorker*）杂志许多优秀的漫画。你只要为每幅漫画支付 75 美元（2006 年），就可以获许使用，而且这个一次性的价格还包括可以复印 10 000 份的纸质版。

### 既成事实

任何既成事实的图片都不能用。当谈到总经理或董事会的某个决议时，你展示了一张总部的图片，这对客服人员理解你的信息毫无益处（尽管这么做很可能会帮助你在外国客户中建立可信度）。在插入任何图片之前想一想：这对于听众理解我的意思有帮助吗？

### 太好了，我们有视频

如果颤抖的演讲小白发现一段 10 分钟勉强和主题相关的视频，那么他们会非常高兴，因为这段视频将填补他们演讲的大部分时间。问题是：如果我们在电视上观看视频，那么无聊时我们可以换频道；而在这场演讲中，不管喜欢与否，我们都必须看完这个视频。在作为专业演讲师及培训师的早些时候，我发现在最后的“反馈表”中，视频部分的评分总是最低的。一般来说，商业听众接受的视频时长一般不超过 1 分钟。如果视频时长超过 2 分钟，听众就会完全不在意了。所以，如果你非要用的话，60 秒的视频可能是可以的，最长 90 秒。超过这个标准，你就完蛋了。

## 什么东西真的会在视觉辅助方面起作用呢

视觉辅助除了让听众更容易记住演讲的内容以外，还可以让听众发笑，并且能为每种类型的演讲增添色彩。不要害怕走出你的舒适区，你要表达自己的观点，并努力吸引听众的注意力。如果你想让听众印象深刻，那么就必须找到与众不同的方法。

另外，高级管理层的听众也希望听到幽默的演讲。我刚刚接到一个邀请，要在中东一个相当动荡的城市举办的一次会议上发表演讲。我要演讲的主题非常枯燥。接受完这个任务，我内心有些忐忑。我通过电子邮件和会议组织者说了我内心的忧虑。会议组织者写了一封长长的恳求邮件，说我不能取消这个演讲。他写道（用的加粗字体）：**“请您一定要来，请一定让我们笑起来，请一定要让所有听众参与进来。我们想参与，我们想好好享受您的演讲。”**

视觉辅助工具实际上包括所有类型的戏剧道具、现场演示、听众必须打开的包裹或信封，以及他们必须参加的活动。你越能运用听众的所有感官——视觉、嗅觉、味觉、触觉和听觉，你就越能用你的信息给听众打上烙印。使用富有想象力的视觉辅助工具能使任何演讲、研讨会变得生动活泼，同时也能给演讲增添许多无法抗拒的幽默。事实上，通常幽默会来自听众，当他们看到道具由你使用，或者当他们看到前排的一个同事穿着、拿着或者使用一个很棒的道具时，效果会更好。

让我来举几个例子，这些例子是我已经成功使用过的。

## 一元钞票

我用透明胶带把一张一美元粘在每个听众席的椅子下面。他们这个销售队伍不太活跃，需要激励。最后，我让他们站起来看看椅子下面有什么。在他们发现这张钞票时，我发出最后的行动号召：“如果想要钱，你就得抬起屁股。”（笑声？是的，当我在 15 年后再次遇见他们中的一些人时，他们还在拿这张钞票给我看。）

## 他们坐的那把椅子

在演讲进行到一半的时候，告诉听众，在某一个听众的椅子下面有一个白色粉笔画的叉。在演讲结束前，那个人要站起来，用 30 秒说出整个演讲的概要。当然，我不会要他们真的这么做，但这可以作为一个例子，说明我们如何通过自己的言行来影响听众的心情。在演讲结束时，你再问问听众，当他们得知那个人不是自己时的感受。

## 想象中的柠檬

让每位听众手里拿着假想的半个柠檬，看着果汁顺着手指滴下。这是一个绝妙的方法，说明在广告和销售中可以用想象力来影响消费者。一旦拿出一个真正的柠檬，嘴巴里的口水甚至会让最多疑的人也变得温和起来。

## 罐头盒子

有一次，我看到一位通信经理试图说服他的老板，想让老板拨出更多的资金建设备用通信系统。他拿了一个罐头盒子电话系统（两个罐子用一根长长的绳子连接起来），并让老板握着这个电话系统的一端（罐子）坐在办公桌前，他在紧绷的绳子的另一端对着另一只罐子说话。十秒钟后，他用剪刀剪断绳子，问老板为什么再也听不见罐子里的声音了。答案显而易见，而如果有第二根绳子，那么……

## 真正的柠檬

柠檬是一个很棒的视觉辅助道具，我经常使用。根据演讲的规模，你可以为每名听众准备一个柠檬并让他们带回家。它可以用来强化你需要听众参与的许多要点和主题，当然也包括刺激听众的不同感官。柠檬方便触知，并有鲜艳的颜色和浓烈的芳香，能够让人产生幽默的联想，而且简单易得。在培训课上，柠檬也是个很好的道具。用柠檬来解释如何影响别人，让别人记住你的演讲内容，都会起到不错的效果。

## 工地安全帽

对于以劳动保护与安全为主题的演讲来说，工地安全帽是一个很好的道具，它强调的是需要为工作做好适当的准备，穿戴好适当的装备。安全帽也很适用于建筑行业、信息收集、编纂事实和证据类的相关演讲中。安全帽也可以用在你最没想到会出现的场合，以达到特殊强调的效果，例如关于会计或计算机运行环境的场合。

## 厨师的高帽

在进行需要把不同的活动和行为融入人们的生活中的小组讨论时，当组员真的想改变一些事情时，我经常用厨师的高帽作为道具。在谈到做准备工作往往会忽略一些东西时，厨师的高帽也是一个很棒的道具。厨师的高帽可用来讨论融合、团队、选择成分，识别和选择组件、人、供应商、方法等。（用这个道具的时候要小心。我的一个朋友用了这个道具，他戴着厨师的高帽，一直戴到演讲结束。麻烦的是，当他穿上大衣，走到伦敦地铁站的时候，他还戴着。他一直纳闷：为什么每名乘客都盯着他看？）

## 一套工具

机械工具箱一直都是不错的道具，尤其是在常规的商业演讲中。如果你突然拿出一个工具箱，会特别让人出乎意料。锤子、锯子、电钻……它们看起来各不相同，但要完成一项工作，这些工具不可或缺。它们是对一组产品、方法、原料、文件、队员的很好的一个比喻。每一个个体都是根据某个特定目的而精心设计或精心培育的，并且和团体中的其他个体紧密相连。

## 碟子上放一支蜡烛

最近，我遇到了一个难事：怎么才能让一群心灰意冷的经理清醒地意识到他们需要采取点行动呢？我住在斯堪的纳维亚的一家宾馆，宾馆里到处都是蜡烛。在吃早餐的时候，我突然有了主意。我从宾馆借了一支蜡烛，把它用融化的蜡粘在一只碟子上。在演讲快要结束的时候，我告诉听众，我要给他们演示一下思想的真实力量。我点燃蜡烛，然后让听众去“想象”蜡烛熄灭了。我告诉他们，这个想象的力量十分强大，能将蜡烛的火焰熄灭。

接下来的几分钟，非常安静。听众盯着蜡烛闪烁的火苗——想象力真的能将火焰熄灭吗？不能……能……不能……

两分钟后，我突然向前几步，用手指掐灭蜡烛，打破了这片沉寂：“纯属扯淡。如果你想让什么事情发生，坐在那想是没用的，必须采取行动。”

然后，我送给每个人一支蜡烛让他们带回家。这些蜡烛至今还摆在他们的办公桌上，而且有些经理还印制了“蜡烛”海报张贴在各个办公室，用来提醒每名员工。

## 面包和黄油

当你强调坚持做好基础工作，而不是匆匆忙忙地去寻找简单的解决办法时，面包和黄油是很好的道具。生活的答案可不是什么星系间的咒语，却常常是一个问题的答案——你手头的工作做得怎么样？

## 矿工灯头带

矿工灯头带是一个很好的道具，可以用来开拓销售人员的思路，适用于演示任何需要听众去寻找、关注、查明、搜索的工作。这个道具也非常适用于沉着地打电话或者和研究信息有关的主题。

## 电话黄页或火车时刻表

当听众需要在出发之前研究事实、获取证据、了解情况、获取详细的产品信息、理解项目细节的时候，可以使用电话黄页或者火车时刻表来做道具。它的大小（犹如一本大部头的法律著作）也可能会成为引人发笑的引子，可用于疏忽、违规、错误或过失事件等演讲主题中。

## 任何勘测或设计仪器

这些仪器要足够大，要让听众能看到（三角尺、卷尺）。这些道具用来强化听众对精度和测量方面的意识，所谓“没有调查就没有发言权”。

## 建筑工人水平仪

这个道具用来确定一个伦理观念，强调公平、公正的竞争环境。当你需要听众了解建设环节无小事，或者需要听众理解建立一个坚实的基础的重要性时，你也可以使用这个道具。

### 砖块或石头

有一次，我在一家奇趣用品店买了一块轻质橡胶砖。在演讲的时候，在用它敲击讲台的时候，我用脚踢了一下讲台（听众看不见），让听众相信砖块是真的，然后我突然把砖块扔向听众席。效果很棒。在需要强化力量、耐性和可靠性的时候，你可以使用砖块或石头作为道具。

### 大型天文望远镜

有一次，我从一家商店借了一架大型天文望远镜，把它用黑布蒙上，推到了讲台上。在谈到缺乏市场信息、不了解竞争对手的时候，我揭开了黑布。此时此刻，银河系和我们的生意之间就产生了相似性。大型天文望远镜也可以类似的方法用于任何关于实地调研、商业情报、竞争者信息、年度预测、展望未来、寻求正确答案或选拔具有远见卓识的领导的演讲中。你也可以用家用的双筒望远镜或者塑料望远镜，但是我认为那样不会形成如此巨大的冲击力。

## 充气地球仪

现在，我们在大多数奇趣商品店或玩具店都可以买到充气地球仪。我在伦敦科学博物馆购物中心买了一个大号的充气地球仪。在一次向一家特许经营旅行社做报告时，我把它放了气，并放在紧挨着我的讲台上。在我演讲的最后三分钟，我的助手慢慢地用一个无声的电动充气机在幕后给地球仪充气。随着演讲即将到达高潮，地球仪也越来越大，听众都目不转睛地看着地球仪。他们无法忘记这一幕：太棒了！向旅行社或旅游公司、参与全球市场的任何团体、寻求国际扩张的受众、国际合作伙伴做演讲，或者演讲是关于全球化采购的热门话题、国际运输、进出口、国际律师、外汇兑换、汇率、洲际时差、全球文化、种族问题、全球变暖的时候，你都可以使用充气地球仪。

## 大型沙滩排球

沙滩排球有不同颜色的色块。让你左边的听众写下球是什么颜色的，让你右边的听众写下他们看到的颜色，然后再问问中间的听众他们看到的颜色是什么。如果你买到了恰当的颜色各异的球，那么你会发现听众会给出不同的答案。球只有一个，但人们可以从多个角度观察它。公司、社区、销售团队、现实等也只有一个，但是因为你的工作、心态和立场不同，就会对它们有许多不同的看法。

## 大泡菜罐子

告诉听众罐子代表24小时的一天。在听众面前，先用较大的土豆慢慢把罐子装满，再放入较小的带壳的花生，然后放入生的豆子，再加糖，最后注水。在每个阶段，询问一下听众罐子是否已经满了。每个阶段，你都要先摇一摇罐子，让先前装入的东西沉下去，再加入下一批越来越小的材料。每个阶段，听众都会告诉你“罐子还没有装满”。最后，你可以问问听众，他们认为演示想说明什么问题。总会有人说，如果安排妥当，那么一天内总可以做更多的事情。你应该告诉他们，这不是演示所要展示的。演示真正要说的是，除非在计划中把最重要的“大土豆”那样的事情放在第一位，否则一天就会忙于各种无关紧要的小事，最终的结果是，你会没有时间和空闲去做真正重要的事情。大泡菜罐子是一个很好的道具，可以让我们明白是怎么一不小心就浪费了时间，虚度了光阴。

## 老式闹钟

在一家奇趣商店里买一只上面有两个大铃铛的那种老式闹钟。给它上好弦，设置好闹铃并在你演讲结束时让闹铃响起来，以此来说明截止日期、叫醒电话或行动号召的重要性。

## 肌肉训练器或哑铃

在演讲快要结束时，把一个肌肉训练器或哑铃带到讲台上，假装读一读肌肉训练器或哑铃附带的迅速练成健硕肌肉的训练表（或者随便编造一个）。做几下练习，然后讲述一个十多岁的小孩的故事——这个小孩汇款邮购了这个训练器材，并且在三周内完成了训练表上的每一项运动。然后，他坐下来给器材公司写了一封信："亲爱的某某公司，我已经完成了训练课程……请把肌肉邮寄给我！"肌肉训练器或哑铃可用于说明在参加研讨会或其他大型会议时，只去听，不会改变任何事情；如果想要改变，你就必须采取行动。

## 点头的斗牛犬摆件

走上讲台时，把一个点头的斗牛犬摆件放在讲台上。告诉听众忠诚固然很好，但不要做一个"唯唯诺诺的人"，而要做一个有所作为的人。我想要的不是听你讲你认为我想听的话。不要做点头的斗牛犬，在自己的团队也不要被"唯唯诺诺的人"包围。如果你想让一个消极、听话的群体学会创造、取得进步，你就可以采用这个方法。

## 杂耍球

我在演讲时经常用到杂耍球这类东西，而促销公司会为我的下一次演讲打包好它们，因为听众席上的每个人在演讲结束时都可以拿走三个。杂耍球非常适合用来让一群疑虑重重的听众相信，他们可以在三十分钟内学会做一些一开始看起来过于艰难的事情。杂耍球被称为“砰砰球”，因为你会在学习杂耍的过程中抛出它们。不犯错误，你就不能做出任何有创造性的事情。杂耍球能够教会人们如何互相指导或如何更有创造力。杂耍球是一个伟大的比喻，既可以说明任务的优先级，又可以说明要保持所有任务同步运行。当一个头脑清醒的演讲者在商业演讲的过程中突然玩起杂耍球，听众肯定会记住他。你可以用杂耍球来谈论如何使用左脑和右脑，你还可以用杂耍球来讨论放松和预防压力的技巧，或者如何在工作中获得更多的乐趣，以及熟能生巧的原因。如果预算不够为所有听众买杂耍球，那么就用前文中讲到的柠檬或土豆。

## 戴上大礼帽

抱负和欲望是让普通人与世界上其他生活高尚以及成功人士区别开来的最有力因素。从戏剧演员那里租一顶大礼帽和一套燕尾服，你甚至可以在演讲过程中在简单的屏幕后面换装。如果你排练并演习过，那么这会很有趣。这种方法可用来讨论一个冲击高档市场的战略决策，去开拓业务、提高质量、追求更高的目标，以及缩短与市场领导者的差距而不是去和降价者比对。关于指挥、策划协调、管理、把握时机、时间安排、掌握节奏，以及其他一切和管理、时间有关的事情，我们都可以采用这种方法。[我曾经把一个维珍大西洋航空公司（Virgin Atlantic）的波音747的一个头等舱座位放在讲台上，当时正在宣布一项全球激励计划，该计划包括在理查德·布兰森的奈克岛（Nekker Island）上度假一周。]

## 大幅主题鲜明的带有相框架的名画

我们曾经使用了一系列著名的油画来推出一种叫作“艺术”的金融信息产品。艺术主题贯穿所有的宣传材料。在每一幅传世名画上，我们都叠加了一个我们出售的非常现代化的产品。这次活动很成功，而且也毫无疑问地证明了一幅名画胜过千言万语。当需要清楚地交流时，你可以尝试使用类似名画类的道具。

## 厨房打蛋器

当想谈谈整合人力资源、团队建设或机构重组时，你可以利用厨房打蛋器之类的器具。如果你足够大胆的话，那么你可以去魔术商店买一个鸽子锅（一种魔术道具）。鸽子锅是一种两室平底锅，你可以把蛋糕的所有原料（面粉、鸡蛋、糖等）都倒进铝制的锅内，然后盖上盖子，几秒钟后，取下盖子，平底锅内装的是美味可口的海绵蛋糕。这种方法非常简单，我曾经使用过并赢得了热烈的掌声！

## 木 勺

在演讲接近尾声时，发给每一个听众一把木勺。在谈论关于“改变和检查”流程（添加、搅拌和品尝）的演讲中可以使用木勺。告诉听众，尽管世界上大多数人都在寻找简单的“新的”解决方案，但最简单的工具往往是最好用的，然后讲一讲 KISS 原则 * 和多任务处理方法。

## 老式电话机

旧物商店一般都有老式电话机出售。你也可以去一家新奇用品店问问有没有老式电话机仿制品出售（或租赁）。问一下听众是谁发明的电话（贝尔），讨论一下电话的最初使用目的（在家里听歌剧），以及电话是如何成为全世界主要的通信工具的。谈论一下机遇在一开始的时候并不总是很明确。便利贴和修正液这类产品是如何出现的？错误使然。我们怎样才能更勇敢地面对更多错误，以便取得偶然性的成功呢？

## 灯 泡

托马斯·爱迪生发明了灯泡（去魔术商店买一个奇趣灯泡，

---

* KISS 原则也称“懒人原则”，崇尚“简单的就是美的”。——译者注

拿在手里它就会发光，不用连接任何电线）。你可以问一问听众，爱迪生在发明电灯泡之前做了多少次尝试（1 000 多次）。讨论一下坚持对于成功的重要性。提醒听众爱迪生所说过的话：“大多数人失去了机遇，是因为机遇穿着工装，打扮成了工作的样子！”

## 长柄大钢勺或超大银汤匙

长柄大钢勺或超大银汤匙这些长柄道具有很多用途。长柄大钢勺可以很好地警醒那些可能会受到诱惑而陷入轻度腐败或接受贿赂的听众。金融犯罪、暗地里的现金贿赂，总会被揭穿。有一句格言：“想和魔鬼共进晚餐，你必须准备一把长柄的勺子。”此类道具还可以用来说明用贵重金属的价值去激励人们总会十分见效。此类道具的使用时间与木勺的相反，木勺用在了演讲快要结束的时候。

## 长长的杆子（花园中心豆角架的杆子）

从听众席中请出 6~12 人上台来，把一根杆子放在地上，将台上的听众分成两半（一半站在杆子的一边，另一半面对他们站在杆子的另一边）。现在，把杆子抬到腰部，让杆子和地板平行。接下来，让他们伸出食指并用伸直的食指尖来撑住他们中间的这个杆子。待杆子稳定下来之后，让他们一起努力把杆子降到地板上，每一个人的手指都不可以离开杆子。他们会惊愕地发现，只要任何人轻轻用手指一挑，杆子就会无情地飞向空中。为什么会这样？在团队中，这个现象是如何发生的？有时在团队中，人们都认为他们正朝着同一个目标努力，然而结果怎么样？为什么事情总是逆向发展？对于这种现象，我们的团队能做些什么呢？

## 一副扑克牌

扑克牌具有各种用途。大多数魔术商店都能买到大号的扑克牌。实际上，最好用、效果最好的扑克牌可以在网上买到。在现场演讲时，你可以给听众展示六张带图的扑克牌（扑克牌中的 K、Q、J）。请听众中的每一个人记住展示的某张牌。把牌收好，牌面朝下放在桌子上的一个盘子里。稍等片刻，听众在这段时间应该真的努力地在记着刚才那张扑克牌。这时，拿起扑克牌，牌的背面对着听众。过一会儿，拿走一张扑克牌，然后把剩余的五张扑克牌的正面再次展示给听众。听众会惊讶地发现，他们记住的那张牌消失了。这是怎么做到的？其实很简单，因为大多数人观察得都不够仔细。当你向听众展示你是如何做到这一点的时候，他们会说，这也太简单了。但这确实骗过了大部分听众。为什么会发生这种情况？为什么我们没有充分注意到眼底下发生的事情？我们过去错过了什么我们本应该留意的吗？现在有可能正在发生些什么？从现在起，我们怎样才能保证时刻警醒呢？你也可以用扑克牌来比喻不要轻易泄露底牌，从而说明谨慎、保密、精明、承担可评估风险的重要性。

## 手电筒

手电筒是一个很棒的道具，用途非常广泛。我经常使用一个大手电筒来演示关于电子商务的问题。为什么一些网站坚持要让我们装一个“插件”或者安装“flash（动画）程序”，或者只有启用“cookies”（储存在用户本地终端上的数据）才可以进入该网站？比如，你在一条繁华的大街上开了一家店，这家店具有鲜明的特色：在顾客进入你的店铺之前，他们首先要花四分钟走到路上的一个人那里，领取一把钥匙（免费的），然后他们才能在店里四处看看；因为店里没有灯光，顾客必须再次在路上转悠四分钟，找到另外一个人，领取一个手电筒（还是免费的）。在演讲的过程中，我拿着手电筒问听众，如果隔壁就有一家无须钥匙、无须手电筒的功能相同的商店，那么谁会在大街上跑来跑去找钥匙和手电筒呢？你也可以用手电筒来比喻指明道路，引导人们找到最佳方向，在山穷水尽时发现新机遇，适应陌生的未知环境，阐明事实，让不确定的事情越来越清晰，消除谣言和消除错误信息，等等。

## 纸飞机

许多网站都提供免费的折纸飞机教程。这些教程很好地说明了这些网站注重的只是一个开始，而不是全盘计划。我经常把折纸飞机环节放在一项议程的结尾处。在我演讲的最后——这通常是客服时间或产品发布的开始，我让听众都来叠飞机。他们折的飞机都能够飞起来，而且往往飞得很好。只是，几秒钟之内，所有的小飞机都落到了地面上。因此，在我们结束演讲之前，听众（刚刚看到了最初的热情是如何迅速消退的）就可以理解为什么我们需要制订一个计划来保持活动的延续性。

## 预先安插的捣蛋鬼

说起预先安插的捣蛋鬼这种引人注目的演讲方法时，我觉得它是我的主打菜。你也可以使用，但这个方法需要稍稍排练一下，因为它绝对是一个打断演讲的方法。它能够带来一切——惊讶、不寻常的幻觉、重复、竞争、挫败、视觉冲击和语言冲击，十分令人难忘。一个“预先安插的捣蛋鬼”的力量会超出我们的想象。预先安插捣蛋鬼的目的就是让他问出所有听众都想要听到答案的棘手问题（必须充分排练）。

1997 年，我在纽约工作，一家公司要求我帮助其向竞争激烈的金融信息服务市场推出新产品。新产品的发布地点是希尔顿大酒店，发布时间正值证券业协会年会。这家公司曾因推出不太理想的产品而让市场失望，但这次它认为会稳操胜券。针对会经常在这种场合出现的几千名参与者的怀疑和冷嘲热讽，在这次事件中，我们制订了一个与他们妥协的计划，而不是对抗他们。

我们在公司的展台上搭建了一个小小的发布场地。这个场地可以一次性容纳大约 30 人，我们的目的便是向这 30 人展示新产品的所有功能。我们聘请了一位非常有魅力的年轻女演员，在 3 天内对邀请的团体进行发布展示。

发布场地的后面是开放的，所以慢慢地，有一些没有受邀的人也可以前来观看发布会。这位女主持人事先进行了充分的排练，每次都恰到好处。

大约 5 分钟后，我们启动了我们的攻击性武器——预先安插的捣蛋鬼。这个人是另一个演员，穿着鲜亮的华尔街西装，就像其他观众一样，但是没有人知道他其实是个演员。随着这位女主持人对产品的不断介绍，他会越来越激动。他会大声地跟他旁边的人说话，直到突然间，他以一种敌视和欺凌的态度开始口头攻击该公司，挑战新产品。主持发布仪式的女士也会相应地表现出惊慌失措，在他问起那些棘手的问题时，一直在努力回避。

观众中的一些儒雅的男士认为，这会引发一场口水大战，便向那个人提出抗议，请他坐下来闭上嘴巴。这件事常常最终会发展到这名捣蛋鬼凑到舞台上，向那位女士寻求越来越多的答案——这些她都能够给出。大多数观众要再花上 8~12 分钟的时间才会突然明白这一切都是预谋好了的。

然而，在每一场发布会上（共5场），都会有越来越多的目睹了前几场演出的观众聚集在场地后面，观看后来的观众上当受骗。到第三天的早晨，发布场地等待下一场演出的观众已经摩肩接踵。虽然这个活动合法，而且非常成功，但年会组织者开始担心这会导致观众离开其他展台。

不用说，该公司非常高兴，因为有消息说它终于有了值得炫耀的资本。你从中应该获得的信息是：如果你想达到你的目的，那么你要在演讲中使用你所能想到的一切手段，让听众深有感触。

# 第七章

# 到晚上就都好了

闻之不若见之，见之不若知之，知之不若行之。

**——荀子**

如果你从来都没有时间去排练你的演讲，那也没什么。

以下是未经排练的演讲前的可能场景：你在上台前的 45 分钟出现，然后一阵茫然恐慌，因为你的电脑和现场的数字投影仪无法连接；后来，场地的技术人员可能会把你的演讲内容复制到硬盘里以备在其他电脑上播放幻灯片，因为你是名单上第三个演讲者，而技术人员无法在演讲间隙把你的电脑与数字投影仪连接上。

你可能会责备场地的技术人员。如果我是你，那么我也会责备活动组织者，责备笔记本电脑，责备时间不够，责备通报的信息太少，责备所工作的公司糟糕，责备那些无论如何都听不明白你的演讲的没用的听众。颤抖的演讲小白会做上述所有的事情。只要你处于这种不幸的状态，经历着临场一分钟的恐慌（尽管你读过这本书），你就仍然是一个颤抖的演讲小白。

以前是颤抖的演讲小白但现在成了“良好演讲者”的人会意识到，充分的排练会让 75% 的紧张感消失。然而，光读本书可不行。本书为你提供了一套工具，但是如果你不屑于使用这些工具，那么便无济于事。

由于准备不足和通知不到位造成的排练失败，只是所有失败演讲中约 5% 的一个说得过去的理由。我的经验告诉我，这个 5% 实际上应该是 3% 或更少。

大多数时候，商业人士根本不在乎，他们希望可怕的迫在眉睫的演讲日赶紧过去。然后，就像往常一样，演讲日突然到来，出乎意料。

排练的规则很简单。一旦你收集、编写了所有的材料，就要决定你要使用什么样的注释或脚本来完成演讲。

## 脚　本

除非你要做一个非常正式的演讲，其中每个词必须是正确的，要接受审查（如上市公司股东年度大会），否则你就不要使用完整的逐字逐句脚本。

除非你表现得很“自然”，否则照本宣科只会给人一种呆板乏味的感觉。

每一句话的开头，声音都会很大，然后越接近结尾，声音越小。为了避免这种锯齿效应，你特别需要在摄像机前练习几次，以确定演讲效果如何，以及你是否喜欢你的演讲风格。在一张 A4 纸上设置脚本的正确方法如下：

- 在每一页的右下角用“大一点”的字体标记好页码。
- 像平时一样使用正常大小的字号。
- 使用一个看起来醒目的字体。如果舞台上的灯光会晃到你的眼睛，那么可以使用 18 磅黑色 Arial 字体来消除这种影响。
- 只使用左上方占据纸张三分之二的部分（这样一来，你的眼睛就会得到休息，而你也不用总是低头去读完纸上的内容）。这也意味着有足够的空间用来修改脚本。
- 一个页面上只呈现一个想法，尽管这个想法只有几行字。
- 用一个彩色的大“斑点”而非小“斑点”来清楚地标记幻灯片。
- 用明亮的颜色突出“道具”的线索——蓝色、红色或绿色（不能用黄色，不易看清），或者用括号标示“拿出手杖”或任何其他什么东西。
- 少用逗号。在通常用逗号的地方，尽量用省略号予以代替，这样做可能会减轻你的紧张感。
- 如果你想“停下来制造某种气氛”，那么请在括号中标出“停顿 1……2……3”，表示你应该停下来，慢慢在心里默数 1……2……3。
- 使用下划线或者粗体字把要点在脚本中标记出来。如果需要降低语调，请将 18 磅字体缩小到 16 磅，用下划线标出该部分，并以感叹号结尾。

- 永远在一页纸上完成一句话，千万不要跨页。
- 在口袋里放一个脚本副本，以防你把手头的脚本弄丢或者放在别处。
- 如果你有一个朋友或同事在前排，请给他一个脚本。
- 要在左上角牢牢地把脚本的所有页订在一起。
- 我在脚本中还会对每一处注释添加一个笑脸符号，以防我忘记了。

以下是一种演讲脚本的范本。

慈悲不是出于勉强，
它像甘霖一样
从天上降下尘世；
它不但给幸福于受施的人，
也同样给幸福于施与的人；

它有超乎一切的无上威力，
比皇冠更足以显出一个帝王的高贵：
权杖不过象征着俗世的权威，
使人民对于君上的尊严凛然生畏。

1

慈悲的力量
却高出于权力之上，
它深藏在帝王的内心，

它是一种属于上帝的德行，
执法的人倘能
让慈悲调剂着公道，
人间的权力
就和上帝的神力没有差别。

2

所以，犹太人……
虽然你所要求的是公道，
可是请你想一想……
要是真的按照公道执行起赏罚来，
谁也没有死后得救的希望……
我们既然祈祷着上帝的慈悲，
就应该按照祈祷的指点，
自己做一些慈悲的事。

3

我说了这一番话，
为的是希望你能够
从你的法律立场做几分让步；
可是如果你坚持原来的要求，
那么威尼斯的法庭是执法无私的，
只好把那些商人宣判定罪了！

结束

4

## 注释卡片

到目前为止，把演讲笔记整理在一起的最好方法是使用一组普通的注释卡片。一个完整的脚本应该包含幻灯片变化和其他变化的注释。在此，我们使用要点注释而不是全文注释来提醒你想说什么。

注释卡片的添加步骤如下：

- 使用比标准明信片大一点的卡片——大多数文具店都有出售，一包 100 张。

- 纵向使用，因为这样你可以更好地握住卡片。
- 在卡片右下角写上编号。
- 在每张卡片的左上角打一个洞，然后用“带子”（同样可以在大多数文具店买到）穿过这个洞把它们全部固定在一起。
- 只使用关键词而不是整段话。
- 如果可以，请用 18 磅或 16 磅字输入注释，因为这些字体更容易阅读。如果手写的话，那么用正常的字号即可。

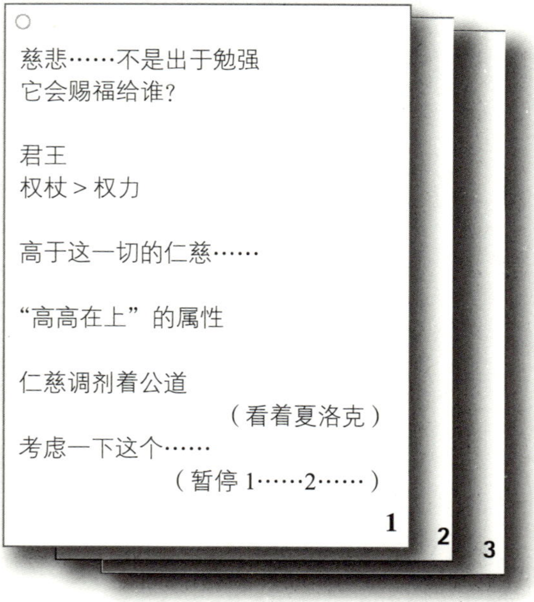

## 排练规则

排练规则非常简单：

- 良好的演讲者至少要排练三遍。
- 良好的演讲者总是大声排练，而不是默默地在心里排练。
- 良好的演讲者在排练时总是使用所有的幻灯片和道具。
- 良好的演讲者总是会拍摄下他们的排练场景。
- 良好的演讲者总会找个同事来观看他的演讲并让同事给出中肯的反馈。
- 良好的演讲者会在场地后排查看一下是否可以看清他的幻灯片和道具。
- 在演讲前一天空闲的时候，他们会尽力在演讲场地排练一次。
- 他们总是比其他人先到达场地，确保所有的设施都能正常工作，尤其是要看看自己的设备和场地设备的连接是否正常。
- 他们知道，排练能够消除颤抖演讲小白 75% 的紧张感。

## 问答环节

如果你的演讲设置了问答环节，那么请遵循下列指导：

- 坦诚地回答问题，不管问题有多么棘手。
- 如果你不知道答案，就说："我不知道这个问题的答案。我会找到答案，回头告知您。"（然后，真的要回头找到提问者并给出答案。）
- 不管问题有多么困难，你都要保持微笑，并且说："这个问题非常好。"
- 如果某个人总是来回问某个问题，那么你可以边点头边向他走过去："是的，这一点很重要。不巧的是，我今天没有时间更深入地讨论这个问题。我们找时间单独来谈这个问题好吧？（继续点头、微笑）谢谢。"目光移开，扫视听众："我还有时间来回答最后一个问题。"（停顿……）如果没有问题了，那么再次总结一下，结束演讲。
- 永远不要和听众争执，因为他们是你的顾客，而顾客永远是对的。

# 第八章

# 如何处理“疑难杂症”

如果你想体会一下怎样与难缠的人打交道，养几个孩子吧。

**——波 · 本内特（Bo Bennett）**

在你演讲的时候，尤其是内部演讲，许多听众都“认识”你，会有人认为“戏耍”你是理所当然的——他们想把你当成罗马角斗士那样的一个牺牲品。特别是，如果某位领导或政治上有影响力的人在房间里，他们更会提出一个个棘手的问题。这没什么大不了的，你完全可以控制住。

请你记住：狐假虎威者都是胆小鬼，99% 的人都憎恶甚至惧怕在公众面前曝光（这就是企业高管最害怕演讲的原因）。

如果你有一个艰涩的问题要谈，而且你知道一定会带来一些负面情绪，这些负面情绪会导致在演讲结束时出现一两个“令人惊奇的”问题，那么你可以用这些问题开场，这样就可以“以彼之道还施彼身”了。

“女士们、先生们，在过去的一年里，我们还没有生产出 12 个月前所设想的产品。预期的需求没有达到，而且你没有拿到应该增加的佣金。所以你会问我：那我究竟为什么还要留在这家公司？这样问情有可原。答案很简单：你在接下来的 6 个月中将取得很大的成就。在接下来的 20 分钟里，我将向你展示为什么你该继续留下来，因为这个决定会改变你的生活，超乎你的想象。”

当用这种方式开场时，我会接二连三地用眼角的余光看着那些人。我会发现，那些我预料的对手的脸“拉长了一英里”。那些人最终可能仍然会提出一些问题，但是如果一开始你就对那些问题完全避而不谈，那么效果肯定会不一样。

因此，做好周密的计划可以化解艰难的局面。尤其重要的是，无论你要演示什么，都要为可能会遇到的所有问题做好准备，甚至是那些令人讨厌的问题，而且别指望没有人会问。所以你要提前设想那些人可能会问的“疑难杂症”，并尽可能准备好问答环节。

另外，不要犯不该犯的错误。我曾为之效力的新闻公司路透社（Reuters），在伦敦证券交易所上市后的第一个年度业绩演讲中，就犯了这样的错误。它的投资者事务部为总经理准备了一份非常详细的内部问答。然后，有人意外地将 300 份问答副本装到了会议的材料袋里，分发给了每一个参会的记者和股东。这意味着这些人都收到了一系列非常有启发性的他们甚至没有想过要问的问题。这个举措不太明智。

当你讲到了某个要点时，如果那个难缠的人真的向你发难，那么你要记住一件重要的事情——你是演讲者，而且通常都是站在那里，这个事实便会让你占据心理上的优势。从现在起你说了算，你是“老大”。

所以，作为那一时刻掌控局面的人，你必须控制你的听众。与那些向你发难的人打交道的最好方法之一就是，不去理会他们是否举起了手。

几年前，我参加了一个演讲，演讲的问答环节相当糟糕。在演讲中，“发难先生”多次举手向演讲者提出问题。每一次，演讲者都会对那些棘手的或无关紧要的问题给予回应。很多时候，“发难先生”只是在哗众取宠，根本不是在提问题。听众显然也感觉很不自在，但演讲者还继续回答他的问题，还在稀里糊涂地扯来扯去。

这名演讲者毫无理由地完全放弃了对听众的控制。在第一次不适当的提问之后，演讲者就不应该继续理会他。相信我，演讲者的“规则手册”中没有任何一条规定，每一个举手的人你都得理会。你必须控制好你的听众，不能把这个控制权交给其他任何人。

作为一名演讲者，你可以选择很多种方式去控制难缠的听众。

## 不予理睬

你可以非常简单地选择不去理会那些发难的听众，这被称为

“猫和细绳理论”——你在猫的面前猛然拉动一截细绳去逗它，它就不停地想要抓住细绳；然而，当你把细绳扔到地板上走开时，猫就会立刻对它失去兴趣。

## 设定好限度

你可以在开始的时候说：“由于时间关系，而且为了保证所有听众都至少有一次提问机会，如果您能把想要提问的内容限定为一个问题，我会非常感激。”

## 让听众把问题写下来

你可以说：“我们有些人肯定有好多问题要问，但是我没有时间来回答所有的问题。所以，大家可不可以把问题写下来，比如写在名片背面？我会找人把所有问题都收集上来。在演讲结束的时候，如果还有时间，那么我会尽可能多地回答你们的问题。”

## 强迫离线

你可以说，“是的，詹姆斯……”（一直都要说是的）；或者“先生，可以告诉我你的名字吗？詹姆斯·布朗？好的，詹姆斯，你的这些问题非常好，但是我们今天时间有限，不可能回答所有的问题，所以你可以稍后再和我谈谈你的看法吗？谢谢”；或者“约翰，这一点非常好，我也想给你正确的答案。我们可以稍后找机会说吗？谢谢”。要一边上下点头，一边问对方是否可以，这样能促使他也会点头同意。

## 像政治家那样处理问题

你也可以从我们的政坛大师那里学些办法。政客们非常清楚地知道他们想谈论什么，不想谈论什么。所以，在公共集会上，每当“难缠”的选民或记者向他们提问时，他们都会坚持自己的立场。

“是的，先生，你这个关于医疗保险的问题问得很好。谢谢你。这个问题本身就会引出一个关于养老金和社会保障的更大问题。总而言之，在过去一年中，这些项目和其他相关项目的支出都按照我们两年前宣布的目标在增长，而且这个增长率是反对党预期的两倍。”

换句话说，这看起来像是在回答那个困难的问题，而事实上他们却巧妙地避重就轻而回答他们更愿意回答的问题。

## 残忍一点

最后，正如我在本章开头时所说的那样，大多数发难者的心中都充满了怯懦和恐惧。他们很庆幸是你而不是他们站在台上。那么，请永远记得，如果想让他们消停下来，最好的办法就是在言语上用大聚光灯“曝光”他们。当你看到有一个人频频举手，你就说“好的，先生，后面的那位先生。抱歉，请你先告诉大家一下你的全名，好吗？”（把全名重复给听众），“请问你在哪家公司（或哪个部门）工作？”（把公司或部门重复给听众），“那么，你的问题是？”（把他的问题解释给听众）。

这种方法并不能让发难者立即消停。如果他们再次发难，那么你可以说“好的，还是后面的那位詹姆斯·布朗先生……”，通常你会发现他们不会再给你制造麻烦了。

你不能让一个听众破坏了大家的兴致。我不是教你去粗鲁地对待他，但你必须记住，其他听众会认识到这个家伙是挺难缠的，如果你能坚定有效地处理这种情况，那么他们会更加尊重你。大多数听众也不想听这个难缠的家伙讲话。